Schloss Clemensruhe in Bonn-Poppelsdorf

Georg Satzinger (Hg.)

Schloss Clemensruhe
in Bonn-Poppelsdorf

Großer DKV-Kunstführer
mit Beiträgen von Eric Hartmann, Marc Jumpers,
Cornelia Kleines und Vanessa Krohn

Neuaufnahmen von Jean-Luc Ikelle-Matiba

DEUTSCHER KUNSTVERLAG

Abbildung Seite 6:
Bonn-Poppelsdorf, Schloss Clemensruhe aus der Luft
von Südwesten (Aufnahme: Michael Sondermann)

Abbildungsnachweis
Umschlag vorne, Abb. 13, 18, 20, 24, 29, 32, 33, 39, 41, 44:
Jean-Luc Ikelle-Matiba, Bonn

Abb. 1, 2, 26, 30, 43, 61: Bonn, Stadtarchiv

Abb. 3, 27: Berlin, Staatsbibliothek

Abb. 4, 5, 8–10, 12, 17, 19, 21, 28, 31, 34, 38, 40, 42, 50–52, 58:
Bonn, Institut für Kunstgeschichte der Rheinischen
Friedrich-Wilhelms-Universität, Archiv

Abb. 6, 11, 16, 22–25, 35–37, 45–49, 53–55, 59, 60, 62–64:
Silvia Margit Wolf / Bildsammlung, LVR-Amt für
Denkmalpflege im Rheinland

Abb. 7, 14, 15, 56, 57: Paris, Bibliothèque nationale

Grundriss in der hinteren Umschlagklappe:
Rekonstruktion Marc Jumpers

Lektorat und Herstellung
Birgit Olbrich und Edgar Endl

Gestaltung
Edgar Endl

Reproduktion
Birgit Gric

Druck und Bindung
Lanarepro, Lana (Südtirol)

Bibliografische Information der Deutschen Bibliothek
Die Deutsche Bibliothek verzeichnet diese Publikation in der
Deutschen Nationalbibliografie; detaillierte bibliografische
Daten sind im Internet über http://dnb.ddb.de abrufbar

© 2011 Deutscher Kunstverlag GmbH München Berlin
ISBN 978-3-422-02345-1

Inhalt

Einleitung

Georg Satzinger

Das Schloss Clemensruhe in Poppelsdorf mit dem umgebenden botanischen Garten ist heute wohl die kunsthistorisch bedeutsamste Liegenschaft der Rheinischen Friedrich-Wilhelms-Universität. Durch eine lange Allee dem ehemaligen Bonner Stadtschloss der Kölner Erzbischöfe und Kurfürsten verbunden, zeugt es im Stadtbild eindringlich von der einstigen weitausgreifenden Prägung, die Bonn und seine Umgebung im 17. und 18. Jahrhundert durch ein System von Schlössern erfahren haben: die Hauptresidenz in der Stadt, die Nebenresidenz Augustusburg (mit Falkenlust) bei Brühl vor den Toren Kölns, das Jagdschloss Herzogsfreude im Kottenforst, die Godesburg sowie das kleine Lustschloss Vinea Domini am Bonner Rheinufer. Im funktional differenzierten Netz dieser durch Blick- und Wegeachsen verbundenen Schlösserfamilie nahm Clemensruhe die Stellung eines großen Lustschlosses – einer *Maison de Plaisance* – vor den Toren der Stadt ein, zu dem ein weiter, durch reizvolle Landschaftsausblicke bereicherter Garten gehörte. Nur eine kurze Wegstrecke vom Residenzschloss entfernt, bot die Anlage Distanz von den zeremoniellen Regularien des Regierungssitzes und Erholung in der Natur.

Es war Joseph Clemens (reg. 1688–1723), vierter in einer ununterbrochenen »Erbfolge« von schließlich fünf Kurfürsten und Erzbischöfen aus dem Hause Wittelsbach, der im zweiten Jahrzehnt des 18. Jahrhunderts auf den Trümmern einer älteren Anlage das noch heute in seinen wesentlichen Formen erhaltene Schloss errichten ließ, das sein Nachfolger und Neffe Clemens August (reg. 1723–1761) vollendete. Welch hohe Ambitionen der Bauherr damit verband, ist aus der originellen architektonischen Form, die in Europa ihresgleichen sucht, ohne weiteres erkennbar: ein quadratischer, von höheren Pavillons und niedrigeren Zwischentrakten abwechslungsreich gegliederter Vierflügelbau, der einen kreisrunden Hof umschließt. Der Ausbau unter Clemens August, der die Anlage in den Jahren vor seinem Tod intensiv genutzt hat, lässt sich anhand der erhaltenen Inventare anschaulich rekonstruieren. Fast nichts erhalten hat sich leider von der bemerkenswerten Ausstattung, die im nach Norden gewandten Grottenflügel ebenso wie in der Schlosskapelle eine Naturbezogenheit herauskehrte, welche bei Joseph Clemens besonders individuelle Züge annahm. Schnöder Funktionalismus beseitigte die trotz der Zerstörungen des Zweiten Weltkrieges erhaltenen, umfänglichen Ausstattungsfragmente während des »Wiederaufbaus«, der sich – unter Protest der Fachwelt – in besonderer Respektlosigkeit gefiel gegenüber der historischen Substanz dieses in Deutschland einzigartigen Vertreters der Bauaufgabe Lustschloss.

Die vorliegende Publikation versucht, die Geschichte und einstige Gestalt des Poppelsdorfer Schlosses ebenso knapp wie farbig ins Gedächtnis zu rufen und das Verständnis für seine historische Bedeutung zu fördern. Zwar kann Clemensruhe dank der exemplarischen Dissertation Wend Graf Kalneins (1956) als gut erforscht gelten, doch schien es geboten, für einen breiteren Leserkreis einen frischen, dem heutigen Stand von Kenntnis und Methode entsprechenden Blick auf das Monument zu werfen. Der Text ergab sich neben der Arbeit des Bonner Forschungsprojektes »Höfische Repräsentation und kirchliche Auftraggeberschaft der wittelsbachischen Erzbischöfe im Kurfürstentum Köln im 18. Jahrhundert« (DFG). Die vier Autorinnen und Autoren konzentrieren sich – entsprechend ihren Teilaufgaben im Projekt – auf die vier

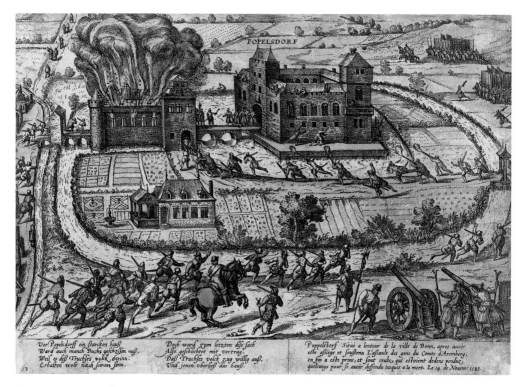

Abb. 1 Franz Hogenberg (ca. 1540–ca. 1590), Einnahme des Poppeldorfer Schlosses, 1583. *Das Schloss ist im Zustand nach seinem Umbau unter Kurfürst Salentin von Isenburg gezeigt.*

Deutlich erkennbar ist die ältere doppelte Ringgrabenanlage mit Vor- und Hauptburg.

wesentlichen Schwerpunkte: die Geschichte und Gestalt der Architektur, die Ausstattung und Funktion der Appartements, die Form und liturgische Einrichtung der Schlosskapelle und schließlich auf den Vergleich mit der Bautätigkeit von Mitgliedern des Hofes in Gestalt des Clemensruhe ehemals benachbarten Lustschlösschens »Sternenburg«. So mag vor dem inneren und äußeren Auge der Leser eine der reizvollsten Schlossanlagen des Barock in Deutschland ihre historische Bedeutung entfalten.

Nicht mehr in die Darstellung eingehen konnte ein jüngstes Ergebnis unserer Forschungen. Ein Zeichnungsfund aus Balthasar Neumanns Nachlass belegt erstmals, was der berühmte Würzburger Architekt 1744/45 konkret für Poppelsdorf entworfen hat: die süd-

liche Gartentreppe, deren geschwungene, ausgreifende Rokokoform die ältere, enge und strenge Treppe Guillaume Hauberats ersetzte.

* * *

Unser Dank gilt der Rheinischen Friedrich-Wilhelms-Universität und ihrem amtierenden Rektor, Prof. Dr. Jürgen Fohrmann, für einen namhaften Druckkostenzuschuss, Dr. Ulrike Heckner und den Kolleginnen und Kollegen im Rheinischen Amt für Denkmalpflege in Brauweiler ebenso wie Dr. Norbert Schloßmacher vom Stadtarchiv Bonn für vielfache Unterstützung und unserem Bonner Institutsfotografen Jean-Luc Ikelle-Matiba für die Neuaufnahmen.

Baugeschichte und Baugestalt

Eric Hartmann

Das Gut Poppelsdorf gelangte zwischen 1149 und 1166 durch eine Schenkung des Propstes Gerhard von Are (reg. 1124–1169) in den Besitz des Bonner St. Cassius-Stiftes; aus dem ursprünglichen Fronhof südwestlich der Stadt Bonn entwickelte sich bis zum Beginn des 14. Jahrhunderts ein befestigter Wirtschaftshof. Zwischen 1341 und 1343 wurde dieser, nun als Burg bezeichnet, durch den Kölner Erzbischof Walram von Jülich (reg. 1332–1349) erworben, während das zugehörige Land weiterhin beim Bonner Stift blieb. Die Burg sollte wohl dem Schutz Bonns gegen die Grafen und Herzöge von Jülich dienen und gleichzeitig das große Jagdrevier des Kottenforstes erschließen. Sie lag im Winkel der heutigen Meckenheimer Allee und der Reuterstraße, die beide auf römische Ursprünge zurückgehen und wichtige Handels- bzw. Heerstraßen waren. Die Kölner Erzbischöfe fanden in Poppelsdorf einen ihrer bevorzugten Aufenthaltsorte; es wurde die eigentliche Residenz der Kurfürsten, als sie ihre Kanzlei 1525 nach Bonn verlegten. Unter Kurfürst Salentin von Isenburg (reg. 1567–1577) wurde die Burg zu einer repräsentativen Anlage umgebaut (Abb. 1, Abb. 2): Der eigentliche Schlossbau war eine Vierflügelanlage mit einem Turm im Süden und einem Eck- oder Torturm an der Nordwestseite. Der Bau war von einem Wassergraben umgeben und durch eine Brücke mit der Vorburg im Nordwesten verbunden, die ungefähr an der Stelle des heutigen Schlossbaus stand. Die Vorburg und der Garten mit einem kleinen Lusthaus im Westen wurden durch einen zweiten Graben eingeschlossen. Dieser entsprach in etwa dem späteren Schlossweiher, von dem seit dem Ende des 19. Jahrhunderts nur noch der nord- und südöstliche Arm erhalten sind. Im Truchsessischen Krieg wurde das Schloss 1583 geplündert und verlor ab dem Ende des 16. Jahrhunderts seine Rolle als Aufenthaltsort des Hofes an Bonn.

Der Schwerpunkt der Nutzung verlagerte sich in der Folgezeit auf den Garten, der besonders durch die Kurfürsten Ferdinand (reg. 1612–1650) und Maximilian Heinrich von Bayern (reg. 1650–1688) geprägt wurde. Eine Planaufnahme des Jahres 1703 (Abb. 3) zeigt die Gliederung der in den Grenzen der beiden älteren Ringgräben eingerichteten Anlage durch Haupt- und Nebenachsen, die unterschiedlich große, in sich regelmäßig gestaltete Einzelkompartimente abteilten. Im Nordwesten war dem Lustgarten auf der anderen Seite der heutigen Meckenheimer Allee ein Nutzgarten gegenübergestellt. Der Beschreibung des Jesuiten Daniel Papebroich (1628–1714) von 1660 zufolge besaßen die Poppelsdorfer Gärten ein Skulpturenprogramm und Wasserspiele. Außerdem konnten Besucher von Was-

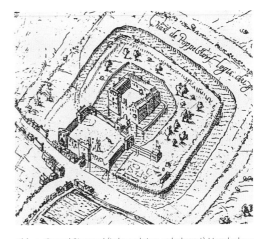

Abb. 2 Gerard Stempel (Lebensdaten unbekannt), Vogelschau der Stadt Bonn mit Umgebung, 1588 (Ausschnitt). *Die Anlage zeigt bereits deutlich ruinöse Züge. Der heutige Schlossbau befindet sich ungefähr an der Stelle der alten Vorburg.*

9

Abb. 3 Anonymer Zeichner, Plan der Bonner Befestigungsanlagen und des Umlandes, 1703. *Innerhalb des nahe der Stadt gelegenen Poppelsdorfer Lustgartens sind noch die Grundrisse der Vorburg und mehrerer Gartenbauten erkennbar. Südlich liegt die Sternenburg, die wie die Poppelsdorfer Anlage von einem Wassergraben umgeben war.*

serscherzen, sogenannten Vexierwässern, unerwartet benetzt werden. Dem Bonner Hof stand damit vor der Stadt ein Lustgarten zur Verfügung, wie ihn zahlreiche andere deutsche Höfe nach italienischem und französischem Vorbild ebenfalls besaßen. Das Schloss selbst verfiel derweil, ab 1657 wurde es abgebrochen. Die Beseitigung der Baulichkeiten stand im Zusammenhang mit der Rolle Bonns als Festung, die kein Deckung bietendes Gebäude im Umfeld dulden konnte. Während der Belagerung Bonns im Jahre 1689, als deren Konsequenz der bereits 1688 gewählte Joseph Clemens von Bayern (reg. bis 1723) seine Residenz in Bonn nehmen konnte, wurde der Garten verwüstet.

Planungen und Neubau unter Kurfürst Joseph Clemens

Kurfürst und Erzbischof Joseph Clemens stammte aus dem bayerischen Herrschergeschlecht der Wittelsbacher. Seiner Familie gelang es von 1583 bis 1761 fünfmal in Folge, den Kölner Kurstuhl mit nachgeborenen Prinzen ihres Hauses zu besetzen und sich so bis 1761 einen zusätzlichen Machtfaktor in der Reichs- und Außenpolitik zu sichern. Der Münchner Hof der bayerischen Herzöge und Kurfürsten war seit der frühen Neuzeit eines der wichtigsten Kunstzentren im süddeutschen Raum. Insbesondere Joseph Clemens' Bruder Maximilian II. Emanuel (reg. 1679–1726) und dessen Sohn Karl Albrecht, der spätere Kaiser Karl VII. (reg. 1726/1740–1745), gaben ihren Hofhaltungen einen Rahmen, der ihren Rang wie ihre Ambitionen gleichermaßen reflektieren und propagieren sollte. Dieses kunstsinnige Umfeld erklärt die besonders bei den letzten beiden Kölner Kurfürsten aus dem Hause Wittelsbach, Joseph Clemens und seinem Neffen Clemens August (reg. 1723–1761), zu beobachtende Leidenschaft für Architektur und höfische Prachtentfaltung. Häufig ist eine unmittelbare Anlehnung an heimische Vorbilder oder die Beschäftigung derselben Künstler fassbar. So lagen dem Bau des neuen Bonner Residenzschlosses, zu dem Joseph Clemens 1697 den Grundstein legte, Pläne des bayerischen Hofarchitekten Henrico Zuccalli (ca. 1642–1724) zu Grunde. Zuccalli gehörte zum Kreis der Graubündner Baumeister und war durch Aufenthalte in Rom und Paris sowohl mit der italienischen als auch mit der französischen Architektur vertraut. Anscheinend fasste der Kurfürst bald den Entschluss, sein neues Residenzschloss mittels einer Blickachse in Bezug zum Poppelsdorfer Garten zu setzen. Diese Idee war sicherlich am Vorbild der Schleißheimer Schlossanlagen seines Bruders orientiert (Abb. 4). Inwieweit auch für das Schloss selbst schon um 1700 konkrete Planungen entstanden, ist nicht bekannt.

1702 musste der Kurfürst seine Residenzstadt und sein unvollendetes Schloss verlassen. Gemeinsam mit seinem Bruder hatte er sich im Konflikt um die spanische Erbfolge gegen die Habsburger Frankreich angeschlossen und wurde deshalb 1706 unter Reichsacht gestellt. Joseph Clemens lebte bis zu seiner Rückkehr nach Bonn 1715 hauptsächlich im nordfranzösischen Valenciennes. Im Exil machte er sich mit der zeitgenössischen französischen Architektur vertraut und beschloss bald, seinen Bonner Residenzbau nicht nach den bisherigen Plänen zu vollenden. Schon 1704 wandte er sich an den ersten Architekten des französischen Königs, Jules Hardouin-Mansart (1646–1708) und bat ihn um Änderungsvorschläge. Auch in die Planungen zu Schloss und Garten Poppelsdorf wollte er ihn

Abb. 4 Schleißheim, Blickachse zwischen dem Neuen Schloss und Schloss Lustheim. *Das 1684–1688 für Joseph Clemens' Bruder, den bayerischen Kurfürsten Maximilian II. Emanuel errichtete Schloss Lustheim steht in axialer Verbindung zum Alten und zum später errichteten Neuen Schloss. Der architekturbegeisterte Kölner Kurfürst, der zunächst auch denselben Architekten wie sein Bruder beschäftigte, scheint diese Anregung für das Verhältnis Bonn – Poppelsdorf aufgenommen zu haben.*

einbeziehen. Konkreter wurden die Planungen jedoch anscheinend erst nach dem Tod Hardouin-Mansarts, als Joseph Clemens ab 1712 mit dessen Nachfolger Robert de Cotte (ca. 1656–1735) in Kontakt trat. In einem langen Briefwechsel entwickelten Bauherr und Architekt Umbauplanungen, in denen die Blickachse zwischen den Schlössern Bonn und Poppelsdorf eine zentrale Rolle spielte. Der Kurfürst wünschte einen langen Kanal als Verbindung zwischen Residenz und *Maison de Plaisance*; Versailles mit dem an einem Arm des großen Kanals liegenden Lustschloss Trianon konnte hierfür als Inspirationsquelle dienen. Planungen für das Schloss selbst nahmen erst nach der Rückkehr des Kurfürsten nach Bonn 1715 Gestalt an. Robert de Cotte lieferte mehrere Entwürfe, auch seine Vertreter am Bonner Hof, Benoît de Fortier (Lebensdaten unbekannt) und Guillaume Hauberat (1688–1749) hatten Einfluss auf die Planungen, stets dirigiert durch die Wünsche des Kurfürsten.

Im Mai 1715 traf ein erster Entwurf de Cottes ein, der dem Bauherrn zwar ausnehmend gut gefiel, dessen Raumangebot ihm jedoch angesichts der Nähe des Schlosses zur Residenz zu umfangreich erschien. Dieses erste Projekt de Cottes ist nicht in einem vollständigen Plansatz überliefert, Wend Graf Kalnein gelang jedoch durch ein Studium erhaltener Zeichnungen und Analogieschlüsse die Rekonstruktion dieses Vorschlags, der wesentliche Merkmale des heutigen Baus bereits vorwegnahm (Abb. 5): ein vierflügeliges Gebäude

auf quadratischem Grundriss, das an den Kanten – die den Himmelsrichtungen entsprechen – und den Mitten der Außenfassaden durch dreiachsige Pavillons gegliedert ist. Im Gegensatz zum heute Bestehenden hätte das Schloss jedoch in allen Flügeln über ein Souterrain, ein Vollgeschoss und ein etwas niedrigeres Obergeschoss verfügt (Abb. 6). Über den Mittelpavillons waren Kuppeldächer projektiert, auf den Eckbauten Mansardwalmdächer; die Trakte zwischen den Pavillons sollten durch eine nur sehr geringe Neigung als Flachdächer erscheinen. De Cotte sah also einen Baukörper mit vier gleich gestalteten, zurückhaltend reliefierten Fronten vor, der nur in der Dachlandschaft stärker gegliedert gewesen wäre. Der Nordwestflügel zur Meckenheimer Allee sollte den Haupt-

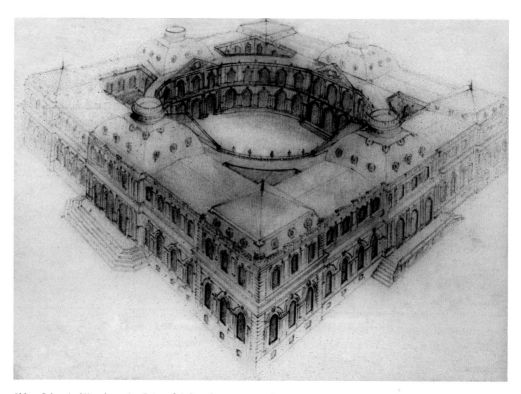

Abb. 5 Rekonstruktion des ersten Entwurfs Robert de Cottes für Poppelsdorf, 1956. *Wend Graf Kalnein konnte anhand von Indizien in den wenigen erhaltenen Entwurfszeichnungen aus dem Jahre 1715 den ersten Gedanken des Architekten und dessen eindrucksvolle Geschlossenheit nachvollziehen. Einzelheiten der Innenhoffassaden wie die Dreiecksgiebel über den Risaliten sind jedoch hypothetisch, und die gebauchten Dächer der Hauptpavillons gehören erst den weiteren Planungen an.*

Abb. 6 Atelier des Robert de Cotte, Aufriss der Südostfassade des Poppelsdorfer Schlosses, 1715. *Der Entwurf de Cottes sah einen reicheren Schmuck der Fassaden mit skulptierten Keil-steinen und Balustraden vor. Die Art der Schattierung zeigt, dass es sich bei dem Dach des Mittelpavillons um eine Kuppel auf rundem Grundriss handeln sollte.*

eingang mit seitlich anschließenden Küchen und Stallungen enthalten, der südwestliche Mittelpavillon die Schlosskapelle aufnehmen. Im Süd- und Nordosten war die kurfürstliche Wohnung mit Blick auf den Schlossgarten und die geplante Wasserachse zum Bonner Schloss vorgesehen.

Den Raum zwischen den vier Flügeln gestaltete de Cotte im Gegensatz zur geschlossenen Einheitlichkeit des Außenbaus komplex und differenzierend (Abb. 7). Ein dem Geviert einbeschriebener, wahrscheinlich ebenfalls zweigeschossig gedachter Arkadengang sollte einen zentralen Innenhof auf dem Grundriss eines Kreises mit vier Risaliten in den Achsen formen. Dieser Gang konnte mehrere Zwecke erfüllen: Zunächst war er ein unverzichtbarer Kommunikationsweg zwischen den einzelnen Bereichen des Schlosses, bot aber auch einem Zug des Kurfürsten und seines Gefolges von den Gemächern zur Kapelle einen angemessenen und bequemen Rahmen. Zu-

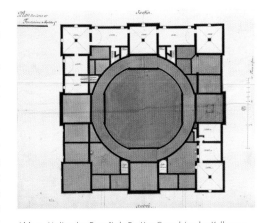

Abb. 7 Atelier des Benoît de Fortier, Grundriss des Kellergeschosses des Poppelsdorfer Schlosses, 1715. *Die Zeichnung sollte als eine von mehreren Robert de Cotte über die an seinem Entwurf vorgenommenen Änderungen informieren. Deutlich erkennbar ist die ursprünglich geplante Form des Innenhofes mit vier der Breite der Pavillons entsprechenden Risaliten. Vermutlich hatte de Cotte eine Unterkellerung des gesamten Gebäudes vorgesehen; in der vorliegenden Fassung ist sie dagegen auf die Bereiche des kurfürstlichen Appartements und der Küchen beschränkt.*

Abb. 8 Jacques Rigaud (ca. 1681–1754), Gartenseite des Schlosses Clagny bei Versailles. *Das ab 1675 von Jules Hardouin-Mansart errichtete Schloss Clagny war eines der Hauptwerke dieses Architekten und galt als eines der vollkommensten Bauwerke seiner Zeit.*

gleich konnte er durch seine spezifische runde Grundrissform in den Ecken des Vierflügelbaus Nebenhöfe bilden. Im Südosten gruppierte de Cotte um diese Höfe Nebenräume und Treppenhäuser, während ihre Pendants im Nordwesten groß genug angelegt waren, um als Wirtschaftshöfe der angrenzenden Küchen und Stallungen zu dienen. Nicht zuletzt bildet die durch den Arkadengang gerundete Front des Haupthofes, die in diesem Planungsstadium infolge der breiten Risalite noch zwischen Kreis und Achteck stand, einen reizvollen Kontrast zu den geraden Außenfassaden. Dieser Überraschungseffekt sollte vielleicht auch bewusst den Vergleich mit dem rechteckigen Arkadenhof Zuccallis in der Bonner Residenz herausfordern.

Für die Außenfassaden (Abb. 6) sah de Cotte über dem Souterrain eine Gliederung des Hauptgeschosses durch eine vorgeblendete Pfeilerarkade mit Kämpfer- und Bogenstirngesimsen und skulptural aufgefassten Keilsteinen vor. Blendpfeiler und Bogenzwickel sollten durch erhabene Felder eine zusätzliche Strukturierung erhalten, die Kanten der Eckpavillons durch flache Rustikabänder betont werden. Nur an den Mittelpavillons war eine Gliederung aus Halbsäulen toskanischer Ordnung vorgesehen, deren Gebälk ringsum laufend als oberer Abschluss des Hauptgeschosses fungierte. In den Blendarkaden hätten ohne weitere Rahmung rundbogige Fenster gesessen, nur an den Mittelpavillons war die gesamte Weite und Höhe der Blendbögen als Fenstertüren konzipiert. Das Obergeschoss wäre durch segmentbogige Fenster in einer zweischichtigen Rahmung mit Konsolen und Agraffen sowie flach vortretende Wandfelder gegliedert worden. Auch hier sollten die hervortretenden Baukörper in zum Erdgeschoss analoger Weise akzentuiert werden: die Eckpavillons durch Rustikabänder, die Mittelpavillons durch eine verkürzte Ordnung korinthisierender Pilaster. Die über dem Kranzgesims und einer mit Vasen besetzten Balustrade aufragenden Pavillondächer hätten durch Gauben und Metallverzierungen eine Belebung erhalten, während auf den Dächern der Mittelpavillons je eine mit einem Gitter versehene Plattform vorgesehen war.

Wie bereits Kalnein zeigen konnte, fußt de Cottes erster Entwurf wesentlich auf der Tradition der französischen Architektur und den von ihr verarbeiteten italienischen Impulsen des 16. Jahrhunderts. Der Typus der Vierflügelanlage kam in Frankreich zwar im 17. und 18. Jahrhundert selten vor, wurde jedoch für höchste Bauaufgaben wie beispielsweise den Louvre durchaus als angemessen empfunden. Seine Anwendung in Poppelsdorf war möglicherweise durch die Gestalt des Vorgängerbaus inspiriert, sie war aber auch für die besondere Situation des Schlosses ideal geeignet. Die Einheitlichkeit aller Fassaden und die zentrale Form des Hofes betonten die Gleichwertigkeit der imposanten Kanalachse zur Bonner Residenz und der im rechten Winkel dazu liegenden Achse des Haupteingangs und des Schlossgartens, der wie der Bonner Hofgarten auf die freie Landschaft und das Siebengebirge südöstlich ausgerichtet wurde. Französischer Gewohnheit entspricht besonders die Auffassung des Außenbaus als Pavillonensemble. Die Fassadengestaltung verwendet die ab dem späten 17. Jahrhundert von de Cottes Vorgänger als erster königlicher Architekt, Jules Hardouin-Mansart, bevorzugten Motive. In der Gesamtwirkung dürfte die Fassade des von diesem ab 1675 errichteten Schlosses Clagny bei Versailles (Abb. 8) impulsgebend gewesen sein. Die runde Form des zentralen Hofes lässt unmittelbar an italienische Vorbilder denken, wie sie de Cotte auch persönlich während einer Studienreise hatte sehen können (Abb. 9). Allerdings speist sich ihre Nutzung in der Grundrissgestaltung – die relative Unabhängigkeit des Arkadengangs vom Vierflügelbau und die Abteilung der Nebenhöfe – durchaus auch aus französischen Quellen: So kaschierte beispielsweise François Mansart (1598–1666) die Hofecken seines Schlossbaus für Gaston d'Orléans in Blois (ab 1635; Abb. 10) durch eingestellte Kolonnaden auf bogenförmigem Grundriss und gewann damit auch Schatten spendende Portiken und Altane. In Poppelsdorf verdoppelte de Cotte dieses Motiv zu einem umlaufenden Gang und nutzte es, um alle Wirtschaftsräume

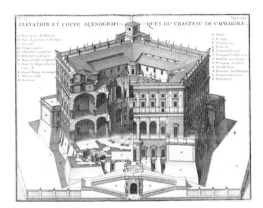

Abb. 9 Perspektivische (Schnitt-)Darstellung des Schlosses Caprarola in Augustin Charles d'Avilers *Cours d'Architecture, 1691. Der runde Hof der Villa Caprarola, ab 1559 durch Jacopo Vignola (1507 – 1573) errichtet, wird von d'Aviler ausführlich gewürdigt und war damit sowohl dem Bauherrn als auch dem Architekten vertraut.*

und Nebenhöfe, die bei Landhäusern üblicherweise vom Wohngebäude getrennt wurden, wie in einem französischen Stadtpalais unauffällig im Schloss selbst unterzubringen. Er verband somit den Charakter des frei stehenden Landschlosses mit der geschickten Raumausnutzung des städtischen Wohnbaus, zusammengefasst in einer als Solitär gedachten Zentralanlage. Sein Entwurf ist eine hoch individuelle Idealarchitektur, die das schon früher formulierte Urteil des Bauherrn über seinen Architekten nur bestätigt: »Man kann Ihrem glücklichen Genie und der Mühelosigkeit, mit der Sie ohne zu zögern die schönsten Dinge der Welt ersinnen, nicht zu viel Bewunderung zollen.«

Die Änderungsvorschläge Joseph Clemens' hatten im Wesentlichen eine Reduzierung des Bauvolumens zum Ziel, jedoch ohne das Grundkonzept, den ingeniösen Grundriss, zu verändern. Zu diesem Zweck entfiel der größte Teil des Obergeschosses; nur die Eck- und Mittelpavillons sollten als nun fast turmartige Akzentuierungen bestehen bleiben, die Trakte zwischen ihnen durch Sattelwalmdächer abgeschlossen werden (Abb. 11). Da-

Abb. 10 Blois, Flügel Gastons von Orléans, Hoffassade. *Der ab 1635 von François Mansart für den Onkel Ludwigs XIV. errichtete Bau besitzt in die Hofecken eingestellte Kolonnaden auf rundem* *Grundriss. In analoger Weise ist dem eigentlich rechteckigen Innenhof des Poppelsdorfer Schlosses ein Arkadengang auf rundem Grundriss einbeschrieben.*

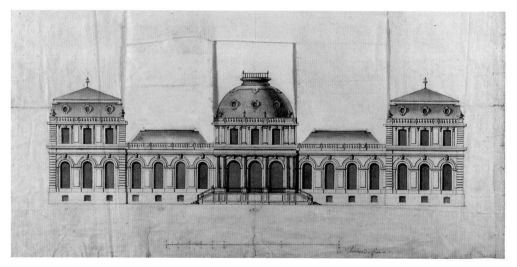

Abb. 11 Ateliers des Robert de Cotte und des Benoît de Fortier, Aufriss der Südostfassade des Poppelsdorfer Schlosses mit Änderungsvorschlag auf Deckblatt, 1715. *Nach den Verkleinerungsvorschlägen Joseph Clemens' sollte das Obergeschoss der Trakte zwischen den Eck- und Mittelpavillons und damit* *auch der obere Arkadengang um den Innenhof entfallen. Die Abbildung rekonstruiert die ursprüngliche Positionierung der (nach Restaurierung falsch aufgeklebten) Papierklappen, die durch Leimreste und Aussparungen für das Abschlussgesims des Mittelpavillons belegt ist.*

Abb. 12 Bonn, Schloss Poppelsdorf, Nordostfassade, Aufnahme vor 1945. *Die der Stadt Bonn zugewandte Fassade zeigt bis heute die nach der ersten Planänderung 1715 für alle Fronten vorgesehene Form mit den prägnant überhöhten Pavillons. Auch die Satteldächer über den Trakten zwischen den Pavillons entsprechen dieser Planungsphase, sie waren jedoch ursprünglich zu beiden Seiten abgewalmt. Die Form des Mittelpavillons entspricht den folgenden Überarbeitungen durch de Cotte (Abb. 16), de Fortier (Abb. 56) und Guillaume Hauberat (Abb. 22).*

Abb. 13 Bonn, Schloss Poppelsdorf, Nordostfassade, Aufnahme 2010. *Beim Wiederaufbau des Schlosses nach dem Zweiten Weltkrieg erhielt der Flügel ein Mansarddach, um das Raumangebot für die im Schloss untergebrachten Institute zu vergrößern. Auch am Mittelpavillon wurden Veränderungen vorgenommen.*

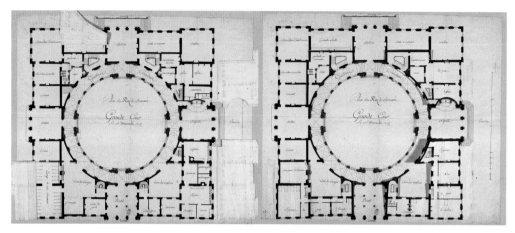

Abb. 14 Atelier des Robert de Cotte, Erdgeschossgrundriss des Poppelsdorfer Schlosses, 1715. *Die rote Färbung des runden Arkadengangs um den zentralen Innenhof macht deutlich,* *dass dieser Bereich gegenüber den früheren Planungen eine Änderung erfahren hat; Vorzeichnungen in Stift für die breiteren Risalite des ersten Projekts sind erkennbar.*

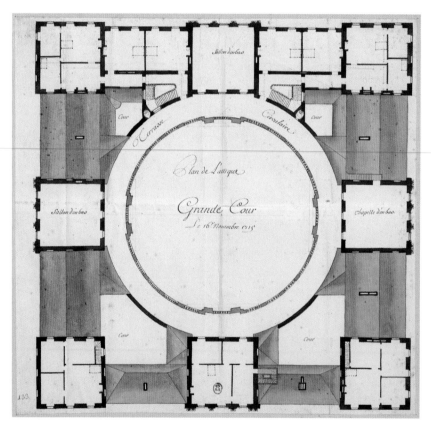

Abb. 15 Atelier des Robert de Cotte, Obergeschossgrundriss des Poppelsdorfer Schlosses, 1715. *Entgegen den Vorschlägen Joseph Clemens' plädierte de Cotte für einen durchgehend zweigeschossigen Südostflügel, dessen Stellung als Corps de* *Logis damit auch im Außenbau anschaulich betont wurde. Auf diesem Grundriss werden die unterschiedlichen Größen der Nebenhöfe besonders deutlich.*

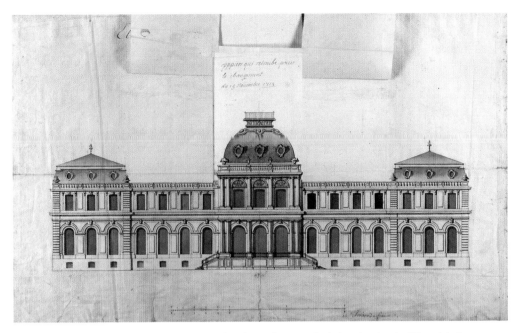

Abb. 16 Atelier des Robert de Cotte, Aufriss der Südostfassade des Poppelsdorfer Schlosses mit Änderungsvorschlag, 1715. *Die hier von de Cotte angeregte Erhöhung des Mittelpavillons wurde auch für die übrigen Fronten übernommen. Sie bewirkt eine stärkere Betonung der Hauptachsen des Schlosses, die an* *drei Seiten durch doppelgeschossige Säle auch im Inneren aufgenommen werden sollte. Die Änderung des Kuppeldachs zu einem gebauchten Walmdach nähert sich dagegen den Dächern der Eckpavillons an.*

durch ergab sich ein Fassadenbild mit deutlich bewegterer Höhenstaffelung der Bauteile, wie es heute noch an der Nordostseite des Schlosses trotz der nach dem Zweiten Weltkrieg aufgesetzten Mansarddächer nachvollziehbar ist (Abb. 12, Abb. 13). Das abgeänderte Projekt wurde de Cotte mit der Bitte um Stellungnahme zugesandt, zuvor waren jedoch bereits der Grundstein gelegt und die Fundamente begonnen worden. De Cotte schlug vor, das Obergeschoss der Südostseite zum Garten hin beizubehalten, wohl um zusätzliche Quartiere zu schaffen (Abb. 14, Abb. 15). Auch nahm er eine Änderung der Mittelpavillons vor, indem er ihr Obergeschoss erhöhte und eine ionische Säulenstellung einfügte; die Fenstereinfassungen bereicherte er um eine überfangende Blendarkade mit Reliefschmuck in den Lunettenfeldern. Das Dach sollte nun anstatt als Kuppel als »dôme à l'impériale«, also als kuppelig gebauchtes Zeltdach, gestaltet werden (Abb. 16, Abb. 17, Abb. 18).

Der Wegfall des ersten Obergeschosses an drei Seiten der Schlossfassaden veranlasste de Cotte, auch an der Form des Haupthofes eine Änderung vorzunehmen (Abb. 14, Abb. 15): Die Risalite der Hoffassade wurden auf die Breite einer Achse reduziert und durch gekuppelte Säulenpaare ausgezeichnet, die später als Halbsäulen ausgeführt wurden (Abb. 19, Abb. 20). Die runde Grundrissform tritt so sehr viel deutlicher in den Vordergrund als im ersten Entwurf, womit der Bau insgesamt noch stärker an die Zentralanlagen und Rundhöfe der italienischen Renaissance erinnert. Aber auch die von ihr inspirierte französische Architekturtheorie konnte in dieser Hinsicht als Vorbild dienen (Abb. 21). Durch diese Änderungen ergab sich gegenüber den vorheri-

Abb. 17 Bonn, Schloss Poppelsdorf, Südostfassade, Aufnahme vor 1945. *Der ausgeführte Bau besitzt im Gegensatz zu dem Fassadenentwurf de Cottes sehr wenig Fassadenschmuck, die Balustraden als oberer Abschluss der Fassaden entfielen aus* *Kostengründen. 1789 – 1790 wurden die Dächer in schlichterer Form erneuert, nach 1827 wurden die Relieffelder über den Obergeschossfenstern des Mittelpavillons durch querovale Okuli ersetzt.*

Abb. 18 Bonn, Schloss Poppelsdorf, Südostfassade, Aufnahme 2010. *Auch an dieser Front nahm der Architekt des Wiederaufbaus nach dem Zweiten Weltkrieg, Bernhard Gelderblom, Veränderungen vor: Die Abwalmungen der Zwischentraktdächer* *zu den Pavillons entfielen und die Dachgauben der Eckpavillons wurden durch eine Version ersetzt, die auch beim Wiederaufbau des Bonner Schlosses Verwendung fand.*

Abb. 19 Bonn, Schloss Poppelsdorf, Altan über der Arkaden-galerie mit Blick auf den südöstlichen Pavillon, Aufnahme vor 1945. *Die niedrigeren Pavillons zu beiden Seiten des Mittelbaus – ursprünglich beide als Treppenhäuser geplant – hätte in der ursprünglichen Planung de Cottes wohl ein zweites Arkadenge-schoss des runden Hofes verdeckt. Anstatt der dann geplanten Steinbalustrade wurde Mitte des 18. Jahrhunderts ein reiches schmiedeeisernes Gitter angebracht.*

Abb. 20 Bonn, Schloss Poppelsdorf, Altan über der Arkaden-galerie mit Blick nach Norden, Aufnahme 2010. *Nach dem Zweiten Weltkrieg wurde die Baugestalt der südöstlichen Hoffront auf der gegenüberliegenden Seite aufgenommen.* *Der Vergleich mit Abb. 19 macht deutlich, wie stark auch Einzel-heiten der Arkadenfront des Erdgeschosses von Gelderblom verändert wurden.*

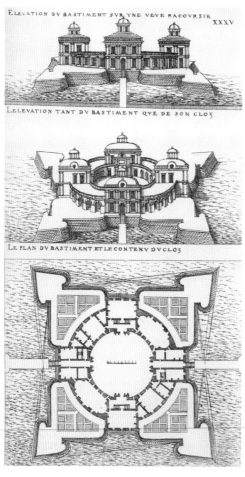

ELEVATION DV BASTIMENT SVR VNE VEVE RACOVRSIE
XXXV

L'ELEVATION TANT DV BASTIMENT QVE DE SON CLOS

LE PLAN DV BASTIMENT ET LE CONTENV DV CLOS

Abb. 21 Schlossentwurf aus Jacques Androuet Du Cerceaus
(ca. 1515 – ca. 1585) Livre d'Architecture, 1559 – 1572. *Der schließ-
liche Entwurf de Cottes weist mit seinem kreisrundem Hof, dem
Altan über dem Erdgeschoss und den höheren Pavillonbauten
durchaus Ähnlichkeiten mit Du Cerceaus Idealentwurf auf.*

gen Planungen ein stärker hierarchisiertes
Baugefüge, in dem ein durchgehend zweige-
schossiges Corps de logis drei weitgehend
eingeschossigen Flügeln mit Eck- und Mittelpavillons gegenüberstand. Die Hauptachse
des Schlosses selbst gewann dadurch gegenüber der Achse Bonn–Poppelsdorf an Ge-
wicht. Vielleicht wollte de Cotte mit der Erhöhung der Mittelpavillons und der stärkeren

Rundung der Hoffront seinen ursprünglichen
Gedanken eines gleichseitigen, zentral angelegten Baukörpers neuerlich betonen. Möglicherweise sollte die runde Hofform auch das
Auf- und Absteigen der dahinter nun sichtba-
ren Außenflügel in einem weniger komposi-
ten Fassadenkontinuum bündeln.

Nach 1715 wurden aus baukünstlerischen
wie praktischen Erwägungen noch zahlreiche
Änderungen am entstehenden Bau vorgenommen, an denen de Cotte nicht immer beteiligt war. So wurden die einfachen Kanten
der Mittelpavillons 1716 in einen doppelt ge-
stuften Vorsprung umgewandelt; dabei wurden die äußeren Halbsäulen zu in die neuen
Winkel gestellten Viertelsäulen. In den Ober-
geschossen der Eckpavillons und des Südostflügels wurden die Wandflächen statt durch
hervortretende durch doppelt zurückgestufte
Felder gegliedert. Die im Fassadenentwurf
rundbogigen Öffnungen des Erdgeschosses
wurden zu einfach gerahmten segmentbogi-
gen Fenstern, die sich eng in die Blendbogen
einschmiegen. 1718 stellte sich die Anlage des
von Joseph Clemens geplanten Kanals wegen
des Niveauunterschiedes zwischen Bonn und
Poppelsdorf, wo zudem eine beträchtliche
Senke im Bereich des »Gumme« genannten
Altrheinarms besteht, als undurchführbar
heraus. Stattdessen wurde nun eine Allee projektiert und der Haupteingang des Schlosses
mit der Tordurchfahrt auf die Nordostseite
des Schlosses verlegt (Abb. 22, Abb. 23). Aus
Sorge, die Einfahrt in den Schlosshof werde zu
eng, änderte man auch den Aufriss des nordöstlichen Mittelpavillons (Abb. 24): An die
Stelle der drei gleichförmigen Achsen trat in
beiden Geschossen des Pavillons ein in der
Höhe gestaffeltes Triumphbogenmotiv. Entsprechend wurde die Einfahrtsarkade des
runden Innenhofs korbbogig erweitert. Um
der durch die Verlegungen der Räume im
Inneren entstandenen Raumnot abzuhelfen,
erhielten die südwestlichen Trakte zu Seiten
des Kapellenpavillons ab 1718 anscheinend
Mansarddächer (Abb. 23, Abb. 25). Insgesamt
wurden durch die schwierige Finanzlage des
Kurfürsten Baufortgang und Ausführung im

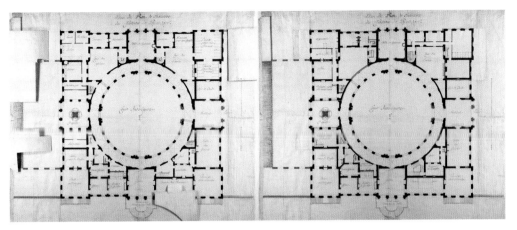

Abb. 22 Atelier des Guillaume Hauberat, Erdgeschossgrundriss des Poppelsdorfer Schlosses, 1718. *Die Entstehung dieses Grundrisses dürfte zeitlich unmittelbar mit der Verlegung des Haupteingangs des Schlosses auf die Nordostseite zusammenhängen, wie die Rotfärbung der betroffenen Mauerpartien deutlich macht. Der Altar der Schlosskapelle wurde in der hier gezeigten Form wohl 1716 im Atelier de Cottes entworfen und in Form eines Wachsmodells nach Bonn übermittelt.*

Einzelnen stark beeinträchtigt. Zwar konnte der Rohbau des Schlosses bis 1723 vollendet werden, die schleppende Eindeckung der Bauteile führte jedoch zu schnellem Verfall, besonders am zuletzt gedeckten nordwestlichen Mittelpavillon. Der größte Teil des bildhauerischen Schmucks und die Balustraden als oberer Abschluss der Fassaden wurden nicht verwirklicht. So geriet der Bau weit nüchterner als in den Planungen vorgesehen.

Die Fertigstellung des Schlosses unter Kurfürst Clemens August

Die baulichen Ambitionen des Neffen und Nachfolgers Joseph Clemens' waren in den ersten Jahren seiner Regierung im Neubau des Brühler Schlosses Augustusburg gebunden. Um Material hierfür zu gewinnen, verfügte er 1725 gar den Abriss weiter Teile des Poppelsdorfer Schlosses; nur der Südostflügel sollte erhalten bleiben. Nach dem wahrscheinlich nur teilweisen Abbruch des baufälligen nordwestlichen Mittelpavillons und der unmittelbar benachbarten Trakte wurden die Arbeiten jedoch eingestellt, da sich die Baustoffe als

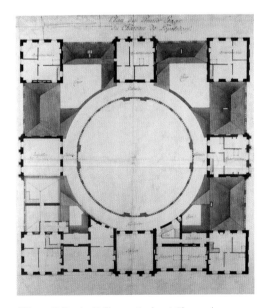

Abb. 23 Atelier des Guillaume Hauberat, Obergeschossgrundriss des Poppelsdorfer Schlosses, 1718. *Südlich der Kapelle ist anscheinend ein Masardgeschoss vorgesehen. Am nordöstlichen Mittelpavillon ist in Rot die wegen der Verlegung des Eingangs veränderte Fassadenlösung zu erkennen.*

23

Abb. 24 Bonn, Schloss Poppelsdorf, Nordöstlicher Mittelpavillon mit Durchfahrt in den Innenhof, Aufnahme 2010.
Die Fassadengliederung weicht im Detail grundlegend von
dem Entwurf de Cottes ab: Durch die Verbreiterung und

Erhöhung der Durchfahrt wurden der Rhythmus der Säulen-
gliederung differenziert und die Gebälke aufgebrochen. Viertel-
säulen in den Winkeln der gestaffelten Ecklösung geben der
von de Cotte flächiger geplanten Front Tiefe.

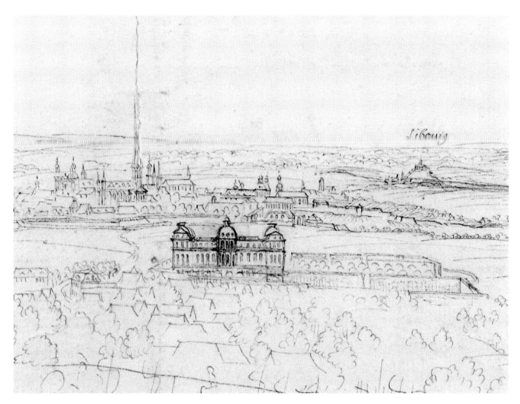

Abb. 25 Renier Roidkin (1684–1741), Ansicht der Stadt Bonn von Südwesten mit Poppelsdorf im Vordergrund, 1722–1725 (Ausschnitt). *Roidkins Ansichten sind die frühesten bekannten Darstellungen des realisierten Baus. Auf dieser Vedute erscheinen noch der ab 1725 abgerissene nordwestliche Mittelpavillon und die bis Mitte des 18. Jahrhunderts bestehende, nicht eindeutig zu erkennende Dachform der südwestlichen Zwischentrakte.*

ungeeignet erwiesen. Anscheinend entschloss sich der Kurfürst in den folgenden Jahren, das Schloss doch zu nutzen, denn ab 1735 wurden nordwestlich des Schlosses zwei Nebengebäude für Küchen und zugehörige Einrichtungen errichtet, die sicher als Ersatz für die im Nordflügel des Schlosses verloren gegangenen Räume dienen sollten (Abb. 26). Diese einstöckigen Gebäude bildeten mit ihren konkaven Einschwüngen an den Ecken zwischen der heutigen Meckenheimer und der Nussallee einen repräsentativen Vorplatz, wie ihn ähnlich auch das Bonner Schloss an der Einmündung der heutigen Fürstenstraße besitzt (Abb. 27). Zusammen mit einer Brücke über den Kanal wurde so offenbar eine Zugangs-

möglichkeit in der Längsachse von Schloss und Garten vorbereitet, wie sie ja auch Joseph Clemens bis 1718 als Haupteingang geplant hatte. Nun wies diese Achse jedoch im Nordwesten über das Schlossareal hinaus und setzte sich fort in einer Allee, die ursprünglich bis zum Brühler Schloss verlängert werden sollte. Damit wurde sie wie die Verbindung zum Bonner Schloss in einen größeren Kontext der »Residenzlandschaft« der Kurfürsten gestellt.

Es dauerte noch ein weiteres Jahrzehnt, bis wieder größere Bauarbeiten am torsohaft gebliebenen Schloss stattfanden, die allerdings unter neuen Vorzeichen standen. 1744–1746 errichtete man die abgerissenen Teile auf der

VUË DU CHATEAU DE POPPELSDORF

Abb. 26 Balthasar Friedrich Leizel (bezeugt 1751), Blick entlang des Poppelsdorfer Schlosses zum Kreuzberg, um 1750.
*Die Vedute zeigt den Zustand des Schlosses nach seiner Fertig-
stellung unter Clemens August, mit dem nur einstöckigen
Grottenflügel und den nordwestlich des Schlosses angelegten,
noch unfertigen Nebengebäuden. Sie waren über einen unter-*
*irdischen Gang und eine Hängebrücke unter dem gemauerten
Kanalübergang mit dem Hauptbau verbunden. Die Sternenburg (im Hintergrund links) lag, umgeben von Baumgruppen,
in geringer Entfernung von der Poppelsdorfer Hauptstraße,
jedoch isoliert genug, um als Rückzugsort dienen zu können.*

Nordwestseite des Schlosses als sogenannten
Grottenflügel neu, dabei entschied man sich
jedoch für eine eigenständige Gestaltung. Da
dieser Flügel durch den Wiederaufbau nach
dem Zweiten Weltkrieg besonders verändert
wurde, ist der ursprüngliche Zustand nur
noch anhand alter Fotografien ersichtlich
(Abb. 28, Abb. 29). Das Obergeschoss des Mittelpavillons wurde nicht wiederhergestellt, so
dass die Mitte des durchgehend eingeschossigen Flügels nur durch einen dreiachsigen Ri-
salit betont war. Die Flügelfassaden wurden
zwar wie bei de Cotte durch ein Bogenmotiv
gegliedert, allerdings nicht als Pfeilerarkade,
sondern als syrischer Architrav, der zwischen
Paaren ionischer Säulen als Bogen aufsteigt.
Am Mittelrisalit sind dagegen mit der größer
dimensionierten toskanischen Ordnung offenbar Teile des ursprünglichen Mittelpavillons einbezogen. Das heute an dieser Stelle
gerade durchlaufende Gebälk war ursprünglich in der Mittelachse unterbrochen (ähnlich
dem Ostpavillon), während sich sein Architrav über den seitlichen Achsen flach aufbog.
Der Flügel besaß zunächst eine Dachterrasse
oder ein Flachdach, das von einer als Schein-
balustrade gestalteten Attika verdeckt wurde;
erst 1767 wurde ein niedriges hölzernes Ober-

Abb. 27 Jean J. Tranchot (1752–1815) / Friedrich Carl Ferdinand von Müffling (1775–1851), Bonn und Umgebung, 1807 (Ausschnitt). *Die Zusammenschau der Bonner und Poppelsdorfer Schlossanlagen macht deutlich, wie ähnlich die Bauten und ihre Gärten ausgerichtet und erschlossen sind. Der Poppelsdorfer Garten zeigt sich etwa in der unter Kurfürst Maximilian Franz um 1790 ausgebildeten Form.*

Abb. 28 Bonn, Schloss Poppelsdorf, Nordwestflügel, Auf- *Friedrich 1767 ein niedriges Obergeschoss. Die Arkaden waren im* nahme vor 1945. *Der ursprünglich mit einer wohl begehbaren* *18. Jahrhundert möglicherweise unverglast (vgl. auch Abb. 26).* *Terrasse abgeschlossene Trakt erhielt unter Kurfürst Maximilian*

geschoss mit einem Satteldach ausgeführt, wohl um Wasserschäden im Erdgeschoss zu vermeiden. Wahrscheinlich gleichzeitig wurde den Trakten neben der Schlosskapelle im Südwesten ein zweites Geschoss aufgesetzt. Niedriger als die Obergeschosse der Eckpavillons, wurden seine Fassaden ursprünglich durch Lisenen zu Seiten der kleineren Fenster und durch flache Putzspiegel gegliedert (Abb. 30). Diese Gestaltung war bis zum Zweiten Weltkrieg erhalten (Abb. 31, Abb. 32).

Neben den Neubauten wurden auch Verschönerungen des Bestehenden vorgenommen: Vergoldete und bemalte Vogelfiguren auf den Eckpavillons und zwei kleine Laternen mit Glockenspielen über dem Kapellen- und Eingangspavillon bereicherten die Dachlandschaft, der Altan des runden Hofs erhielt ein schmiedeeisernes Gitter statt der ur-

sprünglich vorgesehenen Balustrade (Abb. 19, Abb. 20). Am Mittelpavillon der Südostfassade wurde eine neue Freitreppe errichtet (Abb. 33), die in ihrem eleganten Schwung unmittelbarer als die Treppenanlage Hauberats in den Garten hinabführt. Nach Kalnein ist der entwerfende Architekt der Fertigstellung des Schlosses Balthasar Neumann (1687–1753), der in diesen Jahren für Clemens August tätig war, 1744 Poppelsdorf besuchte und in seinen Briefen im Folgejahr über fortschreitende Baumaßnahmen berichtete. Für Einzelheiten des Grottenflügels (Abb. 28) – syrischer Architrav, Blütenfestons der ionischen Kapitelle – nimmt Kalnein jedoch auch eine Vorbildhaftigkeit von auf Johann Conrad Schlaun (1695–1773) und François de Cuvilliés (1695–1768) zurückgehenden Details der Brühler Schlossfassaden an.

Abb. 29 Bonn, Schloss Poppelsdorf, Nordwestflügel, Aufnahme 2010. *Das nach dem Zweiten Weltkrieg aufgesetzte Obergeschoss des Flügels orientiert sich an dessen südöst-* *lichem Pendant. Im Erdgeschoss des Mittelpavillons wurden dabei die Fensteröffnungen verkleinert, um das Gebälk gerade zu führen.*

Abb. 30 Lorenz Janscha (1749–1812) / Johann Ziegler (1750–1812), Blick entlang des Poppelsdorfer Schlosses nach Bonn, 1799. *Die Obergeschosse auf den Zwischentrakten des Südwestflügels, die unter Kurfürst Clemens August errichtet wurden, sind deutlich niedriger als die älteren oberen Stockwerke der Pavillons. Auch die Fassadengestaltung weicht in Details ab.*

Am Ende der Regierungszeit Clemens Augusts war das Schloss im Äußeren wie im Inneren vollendet. Seine Zutaten interpretierten den von seinem Vorgänger hinterlassenen Bau mit großer Eigenständigkeit. Die neuen Nebengebäude und die Eingeschossigkeit des Grottenflügels verstärkten die bereits im zweiten Projekt de Cottes erkennbare Hierarchisierung des Baukörpers entlang der Nordwest-Südost-Achse. Gleichwohl bot der Grottenflügel mit seinem kostbaren Mittelsaal keinen der Front zur Poppelsdorfer Allee gleichkommenden Eingang. Seine Fassade ist die reichste des gesamten Baus und als eine der bemerkenswertesten im Kontext des kurkölnischen Hofbauwesens überhaupt anzusprechen. Durch die den Bau abschließende Dachterrasse wurde der Altan der runden Arkadengalerie zu einer großen begehbaren Fläche umgewandelt, von der aus reizvolle Ausblicke in die Landschaft möglich waren. Insgesamt bildete das Schloss auf dem Grundriss des gleichseitigen Entwurfs de Cottes nach seiner Fertigstellung ein in seiner Vielgestaltigkeit höchst originelles Ensemble.

Abb. 31 Bonn, Schloss Poppelsdorf, Südwestflügel, Aufnahme vor 1945. *Die niedrigeren Obergeschosse aus der Zeit Clemens Augusts und der Dachreiter auf dem Mittelpavillon (Schloss-kapelle) bestanden bis zum Zweiten Weltkrieg. Eine Zutat des 19. Jahrhunderts stellten die querovalen Felder über den Ober-geschossfenstern des Kapellenpavillons dar, an deren Stelle ursprünglich Relieffelder lagen.*

Abb. 32 Bonn, Schloss Poppelsdorf, Südwestflügel, Aufnahme 2010. *Nach 1945 wurde die Obergeschosshöhe der Zwischen-trakte den Eckpavillons angepasst. Die Erdgeschossöffnungen des Mittelpavillons wurden verkleinert und erhielten skulp-tierte Keilsteine nach dem Vorbild der Nordwestseite, im Obergeschoss wurden querovale Fenster eingefügt.*

Abb. 33 Bonn, Schloss Poppelsdorf, Freitreppe vor dem südöstlichen Mittelpavillon, Aufnahme 2010. *Die geschwungene Treppe Balthasar Neumanns ersetzte Mitte des 18. Jahrhunderts die von Guillaume Hauberat 1717 entworfene* *(vgl. Abb. 22 und Abb. 35). Ihre konvex-konkave Formgebung und das schmiedeeiserne Geländer lassen den Übergang vom Innenraum zum Garten flüssig und transparent erscheinen.*

Das Schloss bis zum Einzug der Universitätsinstitute

Der Nachfolger Clemens Augusts, Kurfürst Maximilian Friedrich von Königsegg-Rothenfels (reg. 1761–1784), nutzte das Poppelsdorfer Schloss nicht. Das erwähnte Dach über dem Grottenflügel von 1767 zeigt jedoch, dass notwendige Erhaltungsmaßnahmen stattfanden, auch wenn beispielsweise das Glockenspiel über dem Eingangspavillon 1763 nach Brühl versetzt wurde. Unter dem letzten Kölner Kurfürsten Maximilian Franz von Österreich (reg. 1784–1794/1801), der 1794 vor den französischen Revolutionstruppen floh, wurde Poppelsdorf jedoch wieder häufiger Schauplatz höfischen Lebens. Umfangreiche Renovierungsarbeiten passten die Räume dem Zeitgeschmack des beginnenden Klassizismus an,

zeitweise wurde das Schloss sogar zu offiziellen Empfängen benutzt. Unter der französischen Besatzung diente das Schloss zunächst als Militärlazarett, 1803 gelangte es in den Besitz Lucien Bonapartes (1775–1840). Nach dem Fall der Rheinlande an Preußen 1815 wurde hier 1818 die erste Heimstatt einiger naturwissenschaftlicher Institute samt Lehrsammlungen und Wohnungen eingerichtet. Die Nutzung durch die neu gegründete Rheinische Friedrich-Wilhelms-Universität bewahrte den Bau vor dem weiteren Verfall.

Abb. 34 Jean François Rousseau (ca. 1717 – 1804), Poppelsdorfer Kirmes, um 1746/47. *Anlässlich der Weihe der Poppelsdorfer Schlosskapelle 1746 initiierte Kurfürst Clemens August einen Jahrmarkt, der nur wenige Jahre beibehalten wurde. Das Gemälde bezeugt die damalige Farbfassung des Schlosses.*

Der Wiederaufbau des Schlosses nach dem Zweiten Weltkrieg

Zu Beginn des Jahres 1945 wurde das Poppelsdorfer Schloss, besonders seine Südwest- und Nordwestflügel, durch Bombardierungen schwer beschädigt. Der bis 1959 unter der Leitung des Universitätsarchitekten Bernhard Gelderblom (1892–1982) erfolgte Wiederaufbau hatte vor allem eine bessere Nutzbarkeit des Gebäudes für die ansässigen Institute zum Ziel. Diesem Bedürfnis gehorchend wurde das Aussehen des Schlosses an mehreren Stellen ganz entscheidend durch Vergrößerungsmaßnahmen verändert, dabei wurden auch Fassadendetails modifiziert. Die Obergeschosse des Südwest- und des Nordwestflügels wurden nach dem Vorbild der Südostseite neu errichtet und die größeren Nebenhöfe im Nordwesten verkleinert. Die Dächer aller Zwischenflügel verloren ihre Abwalmungen zu den Pavillons, und an der Eingangsseite wurde statt des Satteldaches ein Mansarddach realisiert. Eine Zutat der Wiederaufbaujahre ist auch der langgestreckte eingeschossige Bau des Tierhauses für das Zoologische Institut auf der Südostseite des Vorplatzes, dessen Formensprache sich an die Gestaltung des erhaltenen Wachhauses anlehnt. Die heutige Farbfassung des Schlosses basiert auf historischen Ansichten (Abb. 34). Im Inneren wurde nur im heute so genannten Stucksaal im Erdgeschoss des Südpavillons die wandfeste Ausstattung im Wiederaufbau erhalten und ergänzt, während die ebenfalls in beträchtlichem Maß erhaltenen Dekorationen der Kapelle und des Grottensaals abgetragen wurden.

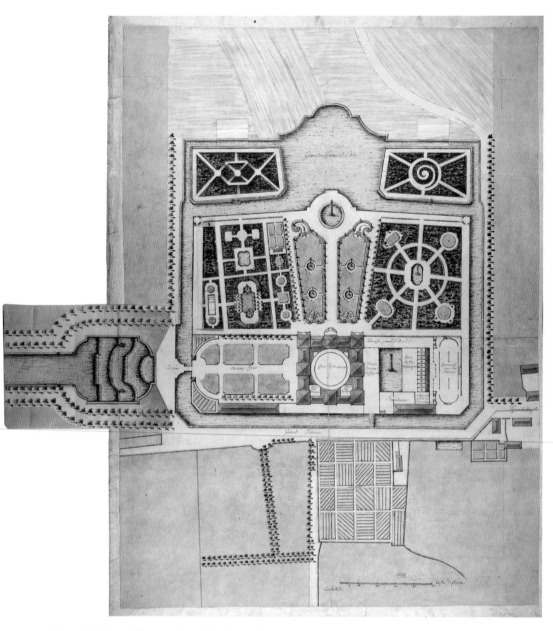

Abb. 35 Atelier des Guillaume Hauberal, Plan des Poppels
dorfer Gartens, ab 1718. *Der Gartenplan entstand nach der
Verlegung des Haupteinganges auf die Nordostseite, sieht aber
dennoch eine Kaskade am Poppelsdorfer Ende der Allee vor.*

*Originell dem Reiz der Aussicht auf das Siebengebirge ange-
passt ist die trapezförmig geweitete Fläche des Hauptparterres,
zu dessen Seiten sich die intimeren Boskettzonen erstrecken.*

Schlossumfeld und Schlossgarten im 18. Jahrhundert

Eric Hartmann

ls unverzichtbarer Rahmen eines Landschlosses war der Poppelsdorfer Garten spätestens ab 1716 Bestandteil der Planungen, die nach genauen Vorgaben des Kurfürsten in Paris erstellt wurden. Visuell fassbar sind die Anlagen erst durch einen großen Plan, der wohl eine von Hauberat redigierte Fassung der Planungen de Cottes anlässlich der Verlegung des Eingangs 1718 darstellt (Abb. 35). Die Gesamtanlage beschränkt sich auf den Bereich innerhalb des Grabensystems des Vorgängerbaus. Während der innere Ringgraben verfüllt wurde, sollte der äußere im Südosten bassinartig erweitert werden und zwei kleine Inseln einfassen. An der Eingangsseite im Nordosten hatte der Kurfürst ursprünglich einen abgeschlossenen Privatgarten vorgesehen, dem am anderen Ende des geplanten Kanals der Orangeriegarten des Bonner Residenzschlosses entsprochen hätte. Durch die Verlegung des Hauptzugangs an diese Seite war dies jedoch unmöglich geworden, stattdessen zeigt der Plan einen in Rasenflächen gegliederten Vorhof. Der große Ziergarten schließt unmittelbar an den Südostflügel an und ist als Rasenparterre gestaltet; er weitet sich trapezförmig, um in einem weit gefassten Panorama der Rheinlandschaft mit dem Siebengebirge münden zu können. Es handelt sich um eine sehr individuelle Lösung, die vielleicht auch dem Wunsch des Bauherrn nach der Erhaltung älterer Buchenalleen geschuldet sein könnte. Zu beiden Seiten des Parterres sind

Abb. 36 Renier Roidkin (1684–1741), Ansicht des Poppelsdorfer Schlosses von Südosten, 1722–1741. *Der südöstliche Abschluss des Gartens wurde in der Ausführung deutlich vereinfacht.*

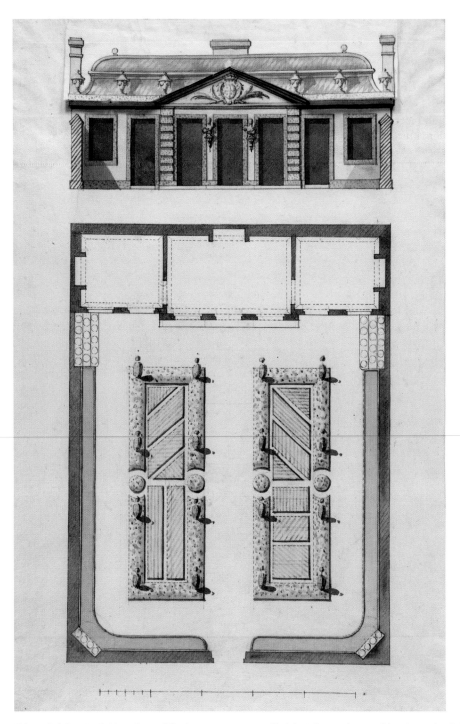

Abb. 37 Unbekannter Zeichner, Entwurf für einen ummauerten Nutzgarten mit einem Lusthaus, undatiert. *Möglicherweise handelt es sich bei dieser Zeichnung um einen Entwurf für einen kleinen privaten Nutzgarten in Poppelsdorf; eine* *ähnliche Anlage erscheint auf dem Gartenplan östlich des Parterres. Das mit weiß-blauen Rauten bemalte Dach spielt auf die Familie der Wittelsbacher an, aus der die Kurfürsten Joseph Clemens und Clemens August stammten.*

größere und kleinere, abwechslungsreich gestaltete Boskette vorgesehen, teils aufwendig mit Bassins und Laubengängen ausgestattet. Am östlichen Ende des Parterres fällt ein kleiner ummauerter Garten mit einem länglichen Gebäude ins Auge. Möglicherweise sollte es sich hierbei um einen kleinen privaten Nutzgarten für den Kurfürsten handeln, dessen Wunsch nach solchen Einrichtungen aus seinen Briefen an Robert de Cotte bekannt ist. Ein Detailentwurf für eine ganz ähnliche Anlage (Abb. 37) könnte in diesen Zusammenhang gehören. Ebenfalls zur privaten Nutzung durch den Fürsten ist eine langgestreckte Terrasse südwestlich des Schlosses vorgesehen, die unmittelbar an ein großes Bassin und eine Menagerie angrenzt. Die wilden Tiere, die in den Gehegen gehalten worden wären, wollte Joseph Clemens ursprünglich auch in einer

Abb. 39 Bonn, Blick vom Buen Retiro-Flügel des kurfürstlichen Schlosses (Universitätshauptgebäude) nach Poppelsdorf, Aufnahme 2006. *Die Poppelsdorfer Allee bildet bis heute einen prägenden Akzent im Bonner Stadtbild und macht die baulichen Ambitionen der Kölner Kurfürsten aus dem Hause Wittelsbach unmittelbar anschaulich (vgl. S. 6).*

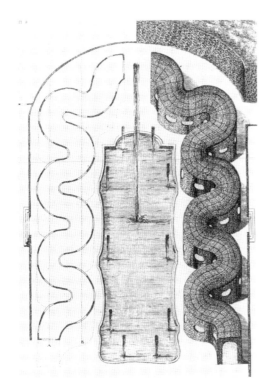

Abb. 38 Charles Dupuis (ca. 1752–1807), Laubengang im Poppelsdorfer Schlossgarten, 1789. *Der gewundene Laubengang befand sich südwestlich des Schlosses.*

Arena zu Kämpfen antreten lassen. Im vorliegenden Plan sollte die *Caroussel pour les Dames* genannte Reitbahn im Anschluss aber höfischen Reiterturnieren dienen. In seinem Verzicht auf aufwendige Terrassierungen, Parkbauten und reiche Broderieparterres war der geplante Poppelsdorfer Schlossgarten ein typischer Vertreter des Régencegartens. Die spektakulären und der Unterhaltung des Hofes dienenden Bereiche sind dabei deutlich abgegrenzt von den privaten Sphären Joseph Clemens'.

Als der Kurfürst 1723 starb, waren wohl nur Teile des Gartens fertiggestellt. Der südöstliche Abschluss des Areals wurde vereinfacht umgesetzt, so dass der Graben nur eine leichte Erweiterung in der Mittelachse erhielt (Abb. 36). Zumindest die östliche Boskettzone entsprach in der Ausführung weitgehend dem Entwurf; noch am Ende des 18. Jahrhunderts

Abb. 40 Bonn, Schloss Poppelsdorf, südöstliches Wachhäuschen, Aufnahme des späten 19. Jahrhunderts. *Die Poppelsdorfer Bauten der Clemens August-Zeit zeichneten sich zum Teil durch einen erheblich höheren Schmuckaufwand aus als die unter Joseph Clemens errichteten Teile der Anlage. So besaß das Wachhäuschen ursprünglich neben der Wappenkartusche im Giebelfeld einen Trophäenaufsatz.*

Abb. 41 Bonn, Schloss Poppelsdorf, südöstliches Wachhäuschen, Aufnahme 2010. *Bei einer Renovierung wurden die Putzgliederung der Fassade vereinfacht und der Trophäenaufsatz nicht wiederhergestellt.*

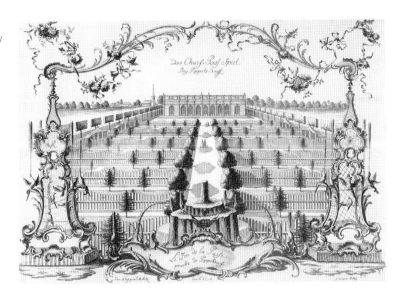

Abb. 42 Johann Martin Metz (1717/1730–1790/1800) / Nicolaus Mettely (bez. 1739–1772), Ansicht des Passspiels bei Poppelsdorf, um 1755. *Die Fasanerie mit dem darin gelegenen Passspielgebäude wirkte fast wie eine eigene kleine Schlossanlage.*

waren die Heckenräume erhalten (Abb. Umschlag hinten). Die Vollendung des Gartens erfolgte unter Kurfürst Clemens August. Vor allem ein Fontänenbassin hinter dem Südwestflügel, das von einem gewundenen Laubengang eingefasst war, rief Bewunderung bei den Zeitgenossen hervor (Umschlag hinten, Abb. 30, Abb. 38). Zur Zeit des letzten Kurfürsten, Maximilian Franz von Österreich, hat man die Gartenanlagen etwas vereinfacht und die südliche Boskettpartie vielleicht zu einem zeittypischen englischen Garten umgestaltet (Abb. Umschlag hinten). Während der französischen Besatzung wurde in Teilen des Gartens ab 1801 Gemüse angebaut, bevor er 1818 zum Botanischen Garten der neu gegründeten Universität wurde.

Auch das Schlossumfeld wurde unter Clemens August bereichert und die Gesamtanlage in ein System aus Alleen, die einzelne Schlösser des Kurfürsten miteinander verbanden, integriert (Abb. 27). Hier ist vor allem die noch auf Planungen Joseph Clemens' zurückgehende Poppelsdorfer Allee zum Bonner Schloss zu nennen, die als Kastanienallee ab den 1740er Jahren angelegt wurde und das Bonner Stadtbild bis heute entscheidend prägt (Abb. 39). An ihrem südwestlichen Ende, wo sie sich zu einem Halbrondell weitete, errichtete man gleichzeitig zwei kleine Wachthäuschen, von denen heute nur noch eines erhalten ist (Abb. 40, Abb. 41). Sie wurden entweder von dem zu dieser Zeit am Schloss tätigen Balthasar Neumann, oder wahrscheinlicher von Johann Georg Leydel (1720/21–1785), einem mit diesem ins Rheinland gekommenen Architekten, entworfen. Die nordwestlich am Schloss vorbei in den Kottenforst führende Straße, die Meckenheimer Allee, wurde im Folgejahrzehnt ebenfalls als Allee neu angelegt. Hinzu kam die bereits erwähnte projektierte Allee nach Brühl, die ihren Auftakt in der heutigen Nussallee nehmen sollte. Im Bereich hinter den Wirtschaftsgebäuden wurden ab 1741 sukzessive eine Menagerie, eine Schweizerei und eine Fasanerie angelegt. In letzterer entstand 1760, wahrscheinlich nach Plänen Johann Heinrich Roths (1724–1788), ein Gebäude für das Passspiel, einen von Clemens Augusts Vater erfundenen Zeitvertreib (Abb. 42). Diese Anlagen löste man jedoch unter dem Nachfolger Clemens Augusts, Max Friedrich von Königsegg-Rothenfels, bald wieder auf.

Die Schlossausstattung im 18. Jahrhundert

Marc Jumpers

Wie bei den meisten kurkölnischen Schlossanlagen des 18. Jahrhunderts hat sich auch in Schloss Clemensruhe nahezu nichts von den ehemals aufwendigen mobilen und wandfesten Innenausstattungen erhalten. Zeitgenössische Inventarverzeichnisse, Baurechnungen, Pläne und Fotos ermöglichen es jedoch, sich der ursprünglichen Ausgestaltung und Nutzung der Schlossräume anzunähern. Besonders aufschlussreich ist hier das kurz nach dem Tod des Kurfürsten Clemens August 1761 angefertigte Inventar, da es den Zustand des fertiggestellten Schlosses am anschaulichsten wiedergibt.

Die in kurfürstlicher Zeit entstandene Grundrissstruktur (Abb. 43 und hintere Innenklappe) blieb weitgehend bis zum Wiederaufbau nach den Zerstörungen des Jahres 1945 erhalten und prägt den Bau in Teilen bis heute. Der Funktion eines ländlichen Rückzugsortes entsprechend lagen die Haupträume im Erdgeschoss des Schlosses, in unmittelbarer Nähe zum Garten. Jeder der sieben Pavillons enthielt einen repräsentativen Saal, während die dazwischenliegenden Räume als Galerie- oder Wohnräume ausgestaltet waren. Der Mittelpavillon der Nordostfassade bildet seit der endgültigen Fertigstellung des Schlosses und der Poppelsdorfer Allee unter Clemens August mit seiner Durchfahrt im Erdgeschoss den Hauptzugang zum Innenhof. In diesem kreisrunden Hof ist analog zu den Mittelbauten der vier Außenfassaden jeweils ein Joch der Arkatur durch Säulenpaare als Eingang betont. Schloss Clemensruhe besaß also anders als beispielsweise ein Residenzschloss keinen eindeutig hervorgehobenen Hauptzugang, der über ein Vestibül oder eine aufwendige Treppenanlage in eine klar gegliederte Raumfolge überleitet. Dies ist mit der ungewöhnlichen Baustruktur und mit der Funktion der Clemensruhe als Lustschloss zu erklären. So fanden sich im Inneren neben den Wohnappartements auch zahlreiche Räume zum Kunstgenuss, zum ungezwungenen Beisammensein und zur religiösen Erbauung. Aspekte wie Repräsentation, Selbstdarstellung und Rang des Bauherrn wurde in Form der reichen Kunstsammlungen, der qualitativ hochwertigen Ausstattung der Räume und der Schönheit des Gartens Genüge getan.

Die Sammlungsräume im Erdgeschoss

Südlich des Eingangspavillons schloss sich der vierachsige Krönungssaal an. Eine endgültige Deutung dieses Namens ist bisher nicht möglich, doch könnte ein Zusammenhang zur Krönung von Clemens Augusts älterem Bruder Karl Albrecht von Bayern (1697–1745) zum römisch-deutschen Kaiser Karl VII. im Jahr 1742 bestehen. Dieses Ereignis war ein Höhepunkt in der Geschichte des Hauses Wittelsbach und im Leben Clemens Augusts, der als Erzbischof von Köln seinen Bruder im Frankfurter Bartholomäusstift selbst krönen durfte.

Sehr bemerkenswert war die Ausstattung des Raumes mit zahlreichen Porzellanvögeln und 136 Gemälden. Das Inventar nennt bedeutende Künstler wie etwa Rembrandt, van Dyck, Rubens, Rottenhammer und Watteau. Obwohl diese Zuschreibungen nach heutigen Maßstäben sicherlich in vielen Fällen nicht mehr haltbar wären und innerhalb der Kollektion auch keinerlei Ordnung nach Schulen

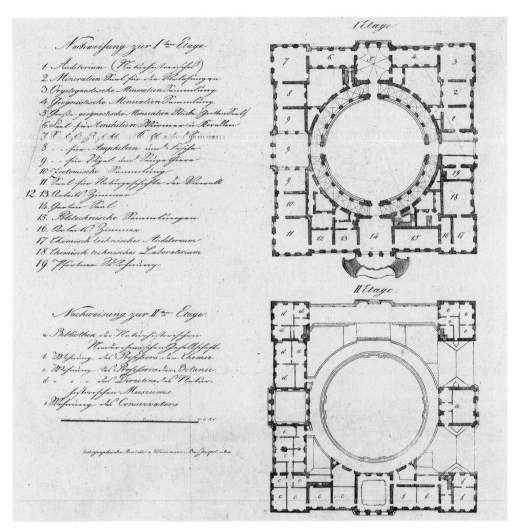

Abb. 43 Bonn, Schloss Poppelsdorf, Grundrisse des Erd- und Obergeschosses, 1819. *Unmittelbar nach Neugründung der Universität Bonn 1818 prüfte der Universitätsbauinspektor Friedrich Waesemann (Lebensdaten unbekannt) den Bau auf seine Verwendung als Universitätsstandort. Der Plan macht deutlich, dass die Grundrissdisposition der Kurfürstenzeit zu diesem Zeitpunkt im Erdgeschoss weitgehend erhalten war. Abgesehen vom Einbau wenig massiver Zwischenwände und einiger Deckenabhängungen sollte dieser Zustand bis zu den Zerstörungen des Zweiten Weltkriegs bestehen bleiben. Auffallend ist die fehlerhafte Wiedergabe der Gewölbeform des Grottensaals.*

oder Gattungen zu erkennen ist, scheint die Sammlung doch von guter Qualität gewesen zu sein. Mit einer gewissen Sicherheit identifizierbar ist Rembrandts »Verlorener Sohn«; das Gemälde gelangte im Zuge der Versteigerungen nach Clemens Augusts Tod in die St. Petersburger Eremitage.

Der größte Teil der Gemälde muss an der fensterlosen südwestlichen Langwand des Raumes in enger Folge präsentiert worden sein. Die gegenüberliegenden nahezu bodentiefen Fenster belichteten den Galerieraum in sehr funktionaler Weise. Die Wände, vierzehn Tabourets und acht Bänke waren mit rotem

Damast bespannt und trugen neben einer Pendule mit Glockenspiel, Marmorbüsten auf dem Kaminsims, englischen (Messing?-) Leuchtern, einem Spiegel und zahlreichen Meissener Porzellanen zur kostbaren Wirkung dieses Sammlungsraums bei.

Im sich anschließenden südöstlichen Pavillon befand sich der von zwei Seiten durch jeweils drei große Fenster belichtete Papst-saal. Hier waren wohl vier Papstbüsten aus weißem Marmor auf Postamenten aus farbigem Stein namensgebend. Auch im Bonner Residenzschloss hat sich ein Raum mit gleicher Widmung befunden. Für die Kurfürsten von Köln als hohe geistliche Würdenträger war es naturgemäß opportun, ihre Nähe und Treue zum Heiligen Stuhl zu betonen. Auch in diesem Saal fanden sich u. a. zahlreiche sächsische Porzellane und Sitzmöbel – Gemälde fehlten allerdings gänzlich. Da an textiler Ausstattung lediglich Gardinen aus roter Seide erwähnt sind, könnte der Raum eine Vertäfelung oder eine Stuckdekoration ähnlich dem Appartementsaal besessen haben. Die nach Westen folgende Grüne Galerie war wiederum mit einem reichen Bestand an Gemälden geschmückt. Auch diese Raumbezeichnung lässt sich möglicherweise in einen dynastischen Rahmen einbinden: Kurfürst Karl Albrecht von Bayern hatte 1731–1737 in den viel gerühmten Reichen Zimmern der Münchener Residenz, die unter anderem seinen Anspruch auf die Kaiserkrone versinnbildlichen sollten, einen bis heute als Grüne Galerie bezeichneten Raum zur Präsentation der Wittelsbacher Gemäldesammlung gestalten lassen. Doch im Gegensatz zum Münchener Galerieraum von François de Cuvilliés d. Ä. fanden sich in Poppelsdorf ausschließlich Porträts zeitgenössischer Herrscher. Hierbei überwogen Darstellungen von engen Verwandten des Hausherrn, etwa aus den Häusern Bayern, Pfalz, Sachsen und Frankreich, doch fanden sich auch Bildnisse der Hohenzollern, Welfen und der Romanow. Aus Gesandtenberichten ist bekannt, dass Clemens August großen Wert auf die Sammlung von Potentatenporträts legte und gelegentlich auch um die Übersendung solcher Bildnisse bat. Offenbar erschien es den Wittelsbachern im Wahlfürstentum Kurköln besonders wichtig, dynastische und andere politische Ver–bindungen auch gegenständlich hervorzuheben. Dieses Phänomen ist in zahlreichen Schlössern der Wittelsbacher am Rhein festzustellen.

Ähnlich wie im Krönungssaal müssen sich nahezu alle Gemälde an der fensterlosen Wand zum Hof hin befunden haben. Auch hier wurden die Bildnisse durch große Fenster auf der gegenüberliegenden Seite belichtet, zwischen denen sich jeweils ein Spiegel in geschnitztem Rahmen befand. Sitzmöbel und wohl auch die Wände wiesen eine grüne Stoffbespannung mit vergoldeten Bordüren auf. Dieser Farbklang in Grün und Gold entsprach dem der Münchner Galerie. Auch figürliche Porzellane und eine aufwendige Uhr trugen zum kostbaren Raumeindruck bei.

Das Sommerappartement

Der Mittelpavillon des Südostflügels barg den zweigeschossigen Sommerspeisesaal mit umlaufender Galerie. Auch im Bonner Residenzschloss und in Schloss Augustusburg sind repräsentative, zweigeschossige Speiseräume mit Umgängen nachzuweisen, deren Funktion allerdings nicht eindeutig geklärt ist. Leider lässt das Inventar wenig Rückschlüsse auf die Gestaltung des Poppelsdorfer Saales zu. Auffällig ist jedoch eine starke Dominanz von Weiß und Marmor, die sich mit dem naheliegenden Wunsch nach einem kühlen Raumeindruck erklären lässt. Eine ähnliche Farb- und Materialgestaltung findet sich in vielen dem Sommeraufenthalt dienenden Räumen, so auch bis heute im Sommerappartement der Augustusburg. Wie in dieser Brühler Raumfolge kommt der Farbe Blau, die in den Bezügen der Sitzmöbel zu finden ist, eine besondere Bedeutung zu. Die kühlen Töne Weiß und Blau nehmen Bezug auf die heraldischen Farben der Wittelsbacher. Leuchter mit Porzellanblüten und ein Spiel-

Abb. 44 Bonn, Schloss Poppelsdorf, Nordostwand des Appartementsaals, Aufnahme 2010. *In kurfürstlicher Zeit war der heutige Zugang zum Saal von nachgeordneter Bedeutung, vielleicht gar nur eine Scheintür. Bedeutender war die heute vermauerte Tür zur Fensterwand hin. Sie verband den Appartementsaal mit den Räumen des Südostflügels und ermöglichte so eine den ganzen Trakt durchziehende Enfilade. Das Porträt des Kurfürsten Clemens August wurde erst nach der jüngsten Restaurierung hier angebracht.*

tisch erinnerten an die Funktion des Schlosses als heiterer Landaufenthalt. Hervorzuheben bleibt in diesem Zusammenhang auch die direkte Verbindung des Speisesaals mit dem Garten über eine zweiläufige, elegant geschwungene Treppe mit terrassenartigem Austritt (Abb. 33).

Dienten alle bisher beschriebenen Räume ohne erkennbaren zeremoniellen oder funktionalen Zusammenhang der Präsentation von Kunstwerken oder dem geselligen, gastlichen Beisammensein, so folgte nun die in ihrer Funktion geschlossene Raumfolge des Sommerappartements. Der Gewohnheit entsprechend begann das Quartier mit einem Vorzimmer, in dem der weiß-blaue Farbklang des vorangegangenen Saals aufgenommen wurde. Diese Farben fanden sich auch in den folgenden Räumen wieder: Weiß-blau gestreifte Stuhlkissen, Wandbespannungen aus gestreifter, wohl weißer Seide oder blaue Tischbeine fügten sich in dieses Bild. Des Weiteren trugen Büsten sowie Tischplatten aus Marmor zum Charakter dieser Sommerräume bei. Chinesische und sächsische, häufig recht großformatige Porzellane zeugten von der zeittypischen Liebe des Kurfürsten zu diesem kostbaren Material.

In diesem wie den folgenden Zimmern war die Anzahl der Gemälde wesentlich geringer. Neben drei Supraporten mit Blumenstillleben fand sich lediglich ein Porträt des kölnischen Kurfürsten Ferdinand, alle in weißen Rahmen.

Drei Blumenstillleben waren auch über den Türen des folgenden Schlafzimmers zu finden. Die im Inventar gebrauchte Bezeich-

Abb. 45 Bonn, Schloss Poppelsdorf, Innenaufnahme des Appartementsaals, nördliche Raumecke, um 1949. *Den umfangreichsten Schaden durch Kriegseinwirkung trug die Stuckdekoration dieses Wandabschnitts davon. Die Gestaltung im Bereich der Raumecke sowie des Abschnitts über dem heutigen Eingang war völlig verloren und wurde beim Wiederaufbau des Schlosses rekonstruiert. Auch die wohl schon vor 1945 nicht mehr ursprüngliche Deckengestaltung war zerstört und ist hier bereits durch eine Betondecke ersetzt.*

nung »Churfürstlich blaues Schlafzimmer« belegt, dass es sich beim Sommerappartement um ein Wohnquartier des Kurfürsten handelte. Hierfür spricht auch die Erwähnung eines venezianischen Gemäldes in weißem Schnitzrahmen. Clemens August besuchte die Lagunenstadt 1727 und 1755 und war ein großer Liebhaber ihrer Kunst. Bei seinem Tod fanden sich im Schlafzimmer ein Werk der religiösen Literatur, ein Marienbild und ein Rosenkranz aus Elfenbein mit einem Hubertushornanhänger – als Waidmann verehrte Clemens August den Schutzpatron der Jäger besonders –, daneben eine Fülle von Meißener Porzellanen. Die Wände waren mit weißblau gestreiften englischen Stoffen bespannt, während das Bett in gleichem Material inwendig weiß und an der Außenseite blau dekoriert war. Als Hinweis auf eine häufige Nutzung des

Schlafzimmers, auch außerhalb der Sommerzeit, kann man die dezidierte Erwähnung von Winterbettzeug werten.

Von besonders privatem Charakter war das hinter dem Schlafzimmer gelegene Gelbe Kabinett mit Oratorium. Zahlreiche Objekte der persönlichen Andacht, wie etwa eine Poussin zugeschriebene Schmerzensmutter, stehen für die tiefe Religiosität des Kurfürsten. Des Weiteren werden einige Lackmöbel erwähnt, die typisch für die auch von Clemens August begeistert aufgenommene Mode der Chinoiserien sind. Die Auflistung einer großen Zahl weiterer Gegenstände lässt darauf schließen, dass dieses recht kleine und dunkle Zimmer über die Maßen angefüllt gewesen sein muss. Die für den Raum namensgebende gelbe englische Stoffbespannung der Wände ist auch bei den Bezügen der Möbel nachzuweisen, was beispielhaft für die im 18. Jahrhundert vielfach gebräuchliche Praxis ist, Möbel und Wände in gleichem Material zu bespannen.

Über das Gelbe Kabinett zugänglich war die vermutlich im Bereich hinter dem Vorzimmer gelegene Garderobe. Der in blau-gelb gestreiftem Leinen ausgeschlagene Raum hat wohl dem Kammerdiener Zistler als Schlafraum gedient. Ein in solchen Fällen gebräuchliches, einem Klappbett ähnliches Möbel wird erwähnt, ebenso ein Verschlag mit privaten Besitztümern des Dieners und eine Kommode aus Tannenholz sowie ein Leibstuhl.

Die Spiel- und Gesellschaftsräume

Der heute als Stucksaal bezeichnete ehemalige Appartementsaal im südlichen Pavillon ist von besonderem Interesse: Zum einen, da hier die einzige bis in die Gegenwart erhaltene wandfeste Raumausstattung des Schlosses zu finden ist, und zum anderen, da es sich dabei um Stuckaturen aus der ersten Bauphase des Schlosses handelt (Abb. 44). In dieser Geschlossenheit hat sich ansonsten keine profane Innenraumdekoration aus der Zeit Joseph Clemens' im Bonner Raum erhalten. Der 1945 beschädigte Saal (Abb. 45, Abb. 46, Abb. 47) wurde bis 1959 wiederaufgebaut und ab Frühjahr 2002 erneut restauriert. Die die Wände schmückenden Stuckaturen hat wohl Giovanni Pietro Castelli (ab 1697 in Bonn nachweisbar) um 1720 geschaffen. Die heutige Farbfassung basiert auf restauratorischen Befunden; dagegen berichtet Kalnein vom Fund einer bauzeitlichen gemalten Marmorierung.

Über einer gefelderten Sockelzone bildet sich ein dreiachsiger Wandaufriss heraus, der von einem Konsolfries in der Deckenkehle abgeschlossen wird. Die Gestaltung des Deckenspiegels mit Profilleisten ist eine freie Neuschöpfung der Nachkriegszeit.

Durch die beiden Außenwände mit jeweils drei ehemals vermutlich bodentiefen Segmentbogenfenstern ist der Wandaufriss vor-

Abb. 46 Bonn, Schloss Poppelsdorf, Appartementsaal nach Südosten, in Richtung des Botanischen Gartens, Aufnahme um 1949.

gegeben. Die von Profilleisten gerahmten Felder zwischen den Hauptachsen der Wände sind mit an Bändern befestigten Gehängen geschmückt. Gebildet werden diese aus vielerlei Gerätschaften, die bei der Feld- und Gartenarbeit von Nöten sind, beispielsweise Egge, Pflug, Dreschflegel und Sensen. Eingeflochten in die erwähnten Bänder sind kleinere Werkzeuge, Feldfrüchte und Kornähren. Die Bildmotivik korrespondiert in idealer Weise mit der Funktion des Gebäudes als Lust- und Gartenschloss. Von diesen sechzehn stuckierten Panneaux mussten nach den Beschädigungen des Zweiten Weltkriegs zwei schmale Wandpaneele in der Nordecke des Raumes rekonstruiert werden, bei allen anderen waren lediglich Ergänzungen nötig.

Die Felder über den Fenstern und den Arkaden der Westwand sind mit Blumengirlan-

Abb. 47 Bonn, Schloss Poppelsdorf, Appartementsaal nach Nordwesten, in Richtung des ehemaligen Mainzer Zimmers, Aufnahme um 1949. *An dieser Wand wird besonders anschaulich, wie umfangreich die originale Wandgliederung des 18. Jahrhunderts nach 1945 erhalten war. Die Arbeiten der Nachkriegszeit beinhalteten neben der Restaurierung und partiellen Rekonstruktionen einzelner Stuckpartien auch strukturelle Veränderungen im Wandaufriss: Der leere Stuckrahmen wurde nach unten hin verlängert, so dass das Fehlen der Kaminlaibung heute weniger augenfällig ist als in der Vorkriegszeit. Die Position des verlorenen Kamins ist hier ebenso gut zu erkennen wie der Vorzustand des heute gänzlich zugesetzten und neugestalteten Durchgangs zum Nachbarraum. Teile der originalen (?) hölzernen Lambris sind im Bildvordergrund aufeinandergestapelt zu sehen.*

den dekoriert, die entweder eine geflügelte Kartusche mit dem Wittelsbacher Hauswappen oder den Initialen J C umspielen. Beide Kartuschenformen werden von dem Kurhut bekrönt sowie von Schwert und Bischofsstab hinterfangen. Im abschließenden Fries der Decke sind Konsolenpaare mit Masken herausgebildet, zwischen denen die Gartenmotivik wiederum mit Gartengeräten, Ähren,

Garben und dergleichen in Stuckreliefs aufgegriffen wird. Ähnlich den Fensterwänden ist auch die Wand zum ehemaligen Mainzer Zimmer hin gestaltet: Hier finden sich heute eingetiefte Rundbogennischen, die die gegenüberliegenden rundbogigen Fensternischen zitieren; ursprünglich gab es hier rundbogige Türen in den angrenzenden Saal. Die mittlere Achse dieser Raumwand wird wiederum von stuckierten Gehangen flankiert und durch ein gerahmtes Feld mit eingezogenem Rundbogenabschluss und bekrönender Maske betont. In dieser Achse befand sich ehemals ein Kamin mit bronzenem Kamingeschirr und metallenem Feuerschirm. Das heute verspiegelte Feld wurde erst nach Entfernen des Kamins zum Boden hin verlängert (Abb. 47).

Die heutige Eingangswand bricht mit der Gliederung der übrigen Wände. Hier haben die Türen einen geraden Sturz und ermöglichen so die Anbringung zweier Supraportengemälde. Auch die mittlere Wandzone weist nur eine schlichte, geradlinige Felderung durch profilierte Leisten auf. Heute wird die Mittelachse durch ein Porträt des Kurfürsten Clemens August geschmückt. Dieses aus Bonner Privatbesitz neuerworbene Bildnis ersetzt das 1761 für diesen Raum erwähnte und in der Folge verlorene Staatsporträt Joseph Clemens'. Es ist dem bayerischen Hofmaler Joseph Vivien (1657–1734) bzw. seiner Werkstatt zuzuschreiben und wohl zwischen 1727 und 1732 entstanden. Des Weiteren fanden sich in diesem Raum neben zwei Blumenstücken ein Gruppenporträt dreier pfälzischer Prinzessinnen und zwei Spiegel in weißen Rahmen. Bis auf die Blumenstücke über den Türen ist die genaue Hängung der Bilder und Spiegel nicht rekonstruierbar.

Zur Zeit Joseph Clemens' sollte der Raum als Speisesaal dienen. Unter Clemens August wurde diese Funktion vom Sommerspeisesaal übernommen. Der von nun an gebräuchliche Name Appartementsaal, seine siebzehn Wand- und Deckenleuchter, Sessel und Stühle mit geflochtenen Sitzflächen sowie ein Spieltisch bzw. -brett, sprechen für eine Nutzung, die im 17. und 18. Jahrhundert mit der Wen-

Abb. 48 Bonn, Schloss Poppelsdorf, Detail der Stuckdecke des Billardsaals, Aufnahme vor 1945. *In den Ornamentformen des Stucks und in der Malerei lassen sich Parallelen zu den Decken des Brühler Staatsappartements aus der Zeit um 1750 nachweisen. Die Dekoration des Poppelsdorfer Billardsaals könnte diesen wenige Jahre vorausgegangen sein.*

dung »Appartement halten« umschrieben wurde. Diese meint ein meist abendliches, recht ungezwungenes Zusammenkommen von Mitgliedern des Hofes zum gemeinsamen Spiel, Musizieren, Plaudern und Tanzen.

Auch wenn beim folgenden Mainzer Zimmer das Inventar keinerlei Rückschlüsse auf die Raumfunktion zulässt, dürfte es sich hier ebenfalls um einen Gesellschaftsraum gehandelt haben. In den Planungen der Joseph-Clemens-Zeit war hier, in Korrespondenz zum projektierten Speisesaal, ein Zimmer zum Anrichten und Präsentieren von Speisen vorgesehen. Die Raumbezeichnung des Jahres

1761 fußt auf einem Porträt eines Mainzer Kurfürsten von Carl Heinrich Brand (1724–1787) in einem weißen geschnitzten Rahmen. Hierbei handelte es sich wohl um den damals regierenden Amtsbruder des Kölner Kurfürsten, Johann Friedrich Karl von Ostein (reg. 1743–1763).

Nach der Schlosskapelle mit einer separaten Johannes de Deo-Kapelle und einer Sakristei folgte in analoger Lage zum Mainzer Zimmer ein weiteres Spielzimmer. Dieser nicht näher bezeichnete Raum mit einer venezianischen Ledertapete diente dem Truck-Spiel, einem sehr beliebten Gesellschaftsspiel mit Kugeln. Einem ähnlichen Zweck diente der Billardsaal im Westpavillon, dessen zentrales Ausstattungsstück der entsprechende Spieltisch war. Von der wandfesten Ausstattung dieses Raumes hatten sich bis 1945 Reste erhalten, die heute jedoch völlig verloren sind (Abb. 48, Abb. 49). Ein neuer Aspekt im Vergleich zu den bisher beschriebenen Raumausstattungen waren in den beiden letztgenannten Sälen jedoch die Supraportengemälde mit Jagdmotiven. Johann Matthias Schild (1701–1775) schuf für Clemens August ähnliche, bis heute am Ort erhaltene Jagdbilder für Schloss Augustusburg in Brühl. Das Thema der Jagd aufnehmend, zierten den Billardsaal zwei versilberte Uhren, die auf die Parforcejagd sowie die Reiherbeize anspielten. Auch wenn Schloss Clemensruhe nicht primär die Funktion eines Jagdschlosses zugedacht war, gehörte die Jagd doch so selbst-

verständlich zur fürstlichen Lebenskultur – zumal für den leidenschaftlichen Waidmann Clemens August –, dass diese Bildthemen nicht weiter verwundern.

Im Mittelpavillon des Nordwestflügels lag der unter Clemens August ausgestaltete Grottensaal (Abb. 50, Abb. 51, Abb. 52). Die den Pavillon nach Westen und Norden flankierenden vierachsigen, nur eingeschossigen Flügel waren wohl als offene Loggien gestaltet und boten so die ideale Überleitung von den Innenräumen zu dem eher Gartenarchitekturen nahestehenden Grottensaal. Ob diese beiden Verbindungsräume ebenfalls grottiert waren, lässt sich bisher nicht eindeutig belegen. Die Ausstattung des Grottensaales mit Muscheln, Korallen, Mineralien und Kristallen ging auf den aus Bordeaux stammenden Pierre Laporterie (1702–1784) zurück. Dieser stand seit 1735 in kurkölnischen Diensten und schuf für den

Abb. 49 Bonn, Schloss Poppelsdorf, Detail der Stuckdecke des Billardsaals, Aufnahme vor 1945.

Abb. 50 Bonn, Schloss Poppelsdorf, Grottensaal nach Süden, Aufnahme vor 1945. *Neben ornamentalen und floralen Formen fanden sich auch figürliche Dekorationen wie Affen, chinoise Masken, Reiher und Falken. Letztere verweisen auf die unter Clemens August besonders geförderte Falkenjagd. Bis 1945 wurde der Grottensaal als Ausstellungsraum der Mineralogischen Sammlung der Universität genutzt.*

Kurfürsten die ähnlich gestaltete Dekoration der bis heute erhaltenen Kapelle im Wald bei Schloss Falkenlust. Die Ausgestaltung von Grotten war eine seit der Antike gebräuchliche Bauaufgabe, die in der Renaissance wiederaufgenommen und bis ins 19. Jahrhundert weiterentwickelt wurde. Der nach siebenjährigen Arbeiten 1753 vollendete Poppelsdorfer Grottensaal stand aber auch in einer lokalen Tradition: Schon für den Garten des Vorgängerbaus und das alte Bonner Schloss sind Grottenräume nachweisbar.

Die Wände und Gewölbe waren komplett mit Grottenwerk überzogen. In der Erdgeschosszone gliederten Lisenen die Wände in jeweils drei Achsen und trugen die Gewölbeansätze. Zum durch Stichkappen stark eingeschnittenen, sehr flachen Tonnengewölbe hin löste sich diese Gliederung immer weiter in ornamentale und florale Formen auf. An den Stirnseiten des Gewölbes bildeten sich zwei Deckenspiegel aus Rocailleformen heraus. Über den ebenfalls grottierten Türblättern der vier seitlichen Zugänge, von denen zuletzt zwei blind waren, formten aus Kannen und Postamenten herauswachsende palmenartige Bäume Supraportenfelder. Die Mitte dieser unregelmäßigen Felder war durch Vasen geschmückt, die wiederum von teilweise vollplastisch modellierten Vögeln flankiert wurden. In den beiden mittleren Achsen zwischen den Türen der Seitenwände befanden sich wohl mit Tuffstein dekorierte Nischen mit vorgelagerten Becken, welche das Wasser

Abb. 51 Bonn, Schloss Poppelsdorf, Grottensaal, Decken-
gewölbe nach Südwesten, Aufnahme vor 1945. *Die Wirkung
der in Konstruktion, Dekorationsformen und Materialvielfalt
komplexen Deckengestaltung wurde durch Licht- und
Schattenwürfe sowie Lichtreflexionen und -brechungen* *entscheidend geprägt. Diese Effekte könnten ursprünglich noch
dadurch verstärkt gewesen sein, dass der Raum nicht durch
Fenster geschlossen, sondern offen gewesen sein könnte.
Ähnliches ist bis heute im Grottenhof der Münchener Residenz
zu beobachten.*

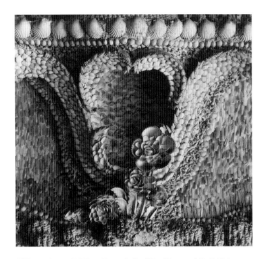

Abb. 52 Bonn, Schloss Poppelsdorf, Grottensaal, Detail des
Supraportenfeldes der äußeren Tür der Südwestwand,
Aufnahme vor 1945.

aus den in den Nischen installierten Düsen
auffingen. Ein in der Raummitte befindliches
drittes, quadratisches Wasserbassin verstärkte
die kühle und erfrischende Raumwirkung.
Die Wand gegenüber den drei Fenstertüren
wurde über dem Durchgang zum Hof von
einem großen, ebenfalls aus Grottenwerk gestalteten kurfürstlichen Wappen dominiert.
Die Wandflächen seitlich dieses Durchgangs
waren gefeldert und jeweils von einem Baldachin aus Stuck und Grottenwerk zum Gewölbe hin abgeschlossen.

Diese hoch bedeutende Raumdekoration
wurde im Zweiten Weltkrieg beschädigt, blieb
jedoch in Teilen erhalten und ist erst während
des nachfolgenden Wiederaufbaus endgültig
vernichtet worden (Abb. 53).

Abb. 53 Bonn, Schloss Poppelsdorf, Grottensaal nach Osten, Aufnahme nach 1945. *Die Verluste der raumfesten Ausstattung scheinen hier umfangreicher gewesen zu sein als in der Kapelle oder dem Appartementsaal – das Gewölbe ist bis auf Ansätze zerschlagen, die Wanddekoration stark beschädigt oder völlig zerstört. Dennoch waren beachtliche Reste der wertvollen Dekoration erhalten und hätten bewahrt werden können.*

Das Gast- oder Repräsentationsappartement

Im Anschluss an diese lockere Folge von Räumen im Südwestflügel und im Grottentrakt befand sich rechts des Eingangspavillons im Nordosttrakt wieder eine in sich geschlossene Raumgruppe. Bestehend aus einem Vorzimmer nahe der Einfahrt, einer Garderobe, einem Schlafzimmer und dem »Großen Audienzzimmer«, besaß dieses Quartier alle nötigen Räume. Es könnte als Gast- oder Repräsentationsappartement gedient haben. Die geringere Zahl von Gegenständen des alltäglichen Gebrauchs oder von privatem Charakter spräche für diese Möglichkeit. Der größte und vermutlich am aufwendigsten ausgestaltete Raum war das auch als Kabinett bezeichnete Audienzzimmer im nördlichen Eckpavillon. Das von zwei Seiten durch sechs Fenster einfallende Licht wurde durch sechs kostbare große und einen kleinen Spiegel effektvoll reflektiert und bot sicherlich einen besonderen Raumeindruck.

Die Räume und Appartements des Obergeschosses

Da das Schloss im 18. Jahrhundert nicht in allen Teilen ein zweites Geschoss besaß, war die Anzahl der Räume in dieser Etage geringer (hintere Innenklappe). Repräsentativen Charakter hatten lediglich der Rote Saal über dem Eingangspavillon und die Räume des Südwestflügels. In den verbliebenen Bereichen

Abb. 54 Bonn, Schloss Poppelsdorf, Detail der Stuckdecke des Roten Saals, Aufnahme vor 1945. *Der im ersten Oberge-schoss liegende Saal hatte im ursprünglichen Bauzustand des Schlosses die Funktion eines Belvederes. Von hier aus konnten Teile des Alleensystems überblickt werden. Die stark florale Gestaltung der Stuckdecke fügte sich gut in diesen Kontext.*

und unter dem Dach fanden sich eine Wohnung für den Obriststallmeister, Unterkünfte für die Dienerschaft und Zimmer zur Lagerung von Möbeln.

Der Rote Saal scheint im Jahr 1761 seit Längerem nicht mehr in Benutzung gewesen zu sein. Die rote Wandbespannung wird als alt beschrieben, und an der Wand hing ein vergoldeter Rahmen ohne Bild oder Spiegel. Die Stuckdecke dieses Raumes war 1905 noch vorhanden (Abb. 54).

Dieser etwas vernachlässigt wirkende Zustand darf allerdings nicht über die Besonderheit des Saales hinwegtäuschen. Mit seiner Ausrichtung auf die Poppelsdorfer Allee wird hier die enge Verbindung zwischen dem Bonner Residenzschloss als Mittelpunkt fürstlicher Repräsentation und Staatsverwaltung und dem Schloss Clemensruhe als Ort der Entspannung und Lustbarkeiten besonders augenfällig. Ausgehend von der Hauptresidenz war das Poppelsdorfer Schloss ebenso wie weitere kurfürstliche Schlossanlagen durch Alleen und projektierte Kanäle eingebunden in eine weit in die Umgebung ausgreifende Residenzlandschaft von überregio-

naler Bedeutung. Der Rote Saal kann somit als eine Art Belvedere inmitten dieses Komplexes gesehen werden. Darüber hinaus ist die Anbindung dieses lichten Raumes an die übrigen Räumlichkeiten des Obergeschosses bemerkenswert, denn er war nur über den Umgang des Rundhofes zu erreichen. Diesem Umgang kamen sicherlich neben der Funktion als bloßem Kommunikationsweg weitere Aufgaben zu: als Terrasse mit Ausblick in den Innenhof und, im Bereich über dem Grottensaal, in die freie Landschaft und das erwähnte Alleensystem; als Ort der sommerlichen Promenade und vielleicht sogar als hängender Garten, ähnlich den Anlagen im Buen Retiro des Bonner Schlosses. Eine Aufstellung von Orangenbäumen oder anderen Kübelpflanzen ist in diesem Zusammenhang denkbar.

Von der Haupttreppe in der Zwickelzone zwischen Hof und Südostflügel erreichte man ein weiteres Wohnappartement. Oberhalb der Grünen Galerie lagen das Grüne Vor- sowie das Grüne Audienzzimmer, das einen eigenen Altar aus Glas, Korallen und Mineralien besaß. Dieser ungewöhnliche Hausaltar ist ein bemerkenswertes Beispiel für die bereits im

Grottensaal thematisierte Mode. Über dem Papstsaal befanden sich die privateren Zimmer der Raumfolge. In Schlafzimmer und Kabinett dominierte die Farbe Gelb. Hervorzuheben ist das mit einem eigenen Altar ausgestattete Schreibkabinett. Hier wurden 1761 drei damals höchst aktuelle Bände mit Kupferstichen zur Dresdner Gemäldegalerie (Recueil d'Estampes d'après les plus célèbres Tableaux de la Galerie Royale de Dresde 1753), zur Galerie des Grafen Brühl (Carl Heinrich Heinecken 1753/54) und zum neapolitanischen Schloss Caserta (Luigi Vanvitelli 1756) sowie eine Viola da Gamba inventarisiert. Die Garderobe war wiederum eher funktional und einfach ausgestattet. Diese Spuren persönlicher Nutzung und Frömmigkeitsübungen sowie die dominierenden Farben Grün und Gelb legen die Vermutung nahe, diese Wohnung sei vom Kurfürsten zeitweise genutzt worden. In vielen Schlössern der Wittelsbacher, so auch in Bonn und Brühl, wurden die Privaträume häufig als Gelbes oder Grünes Appartement bezeichnet.

Eine Wohnung mit ganz ähnlicher Funktion und Struktur, nur bereichert durch eine Bibliothek und eine Drechselkammer, befand sich jenseits des Sommerspeisesaals. Für die häufige Benutzung dieses Blauen Winterappartements sprechen zahlreiche Gegenstände des täglichen Gebrauchs. Neben Rasierzeug und weiteren Utensilien der Körperpflege werden für das kurfürstliche Schlafzimmer Schlafrock und Pantoffeln erwähnt. Im Vorzimmer fanden sich eine Violine und Literatur zur Musik. Von Clemens August ist bekannt, dass er über musikalische Bildung verfügte und selbst die Viola da Gamba spielte. Ebenso pflegte er wie viele Fürsten das Handwerk des Drechselns.

Zusammenfassend bleibt festzuhalten, dass das Poppelsdorfer Schloss, im Gegensatz zu anderen kurfürstlichen Schlössern, nach Fertigstellung häufig von Clemens August genutzt wurde. So werden drei der Appartements dezidiert als »kurfürstlich« bezeichnet. Es gibt sogar Hinweise darauf, dass er sich regelmäßig nach den Verpflichtungen des Tages

in der Bonner Residenz am Abend nach Poppelsdorf zurückzog. Clemens August stattete das Schloss seines Onkels und Vorgängers Joseph Clemens seinen persönlichen Vorlieben folgend kostbar aus und gab ihm den ab 1756 nachweisbaren Namen Clemensruhe.

Die Nutzung des Schlosses unter den letzten Kurfürsten

Mit dem Tod des letzten Wittelsbachers auf dem Kölner Kurstuhl 1761 brach auch für Schloss Clemensruhe zunächst eine Zeit des Niedergangs an. Kurfürst Maximilian Friedrich konzentrierte die Kräfte auf den Aus- und (nach 1777) den Wiederaufbau des Bonner Residenzschlosses, auf die Vollendung von Schloss Augustusburg in Brühl und die Errichtung des Münsteraner Schlosses. Von ihm sind kaum Nachrichten zur Nutzung der Poppelsdorfer Baulichkeiten überliefert. Erst unter Kurfürst Maximilian Franz wurden wieder größere Erhaltungs- und Neuausstattungsmaßnahmen durchgeführt. Das Schloss übernahm nunmehr die Funktion eines Gästeschlosses nahe der Residenzstadt. Historisch bedeutsam sind die Aufenthalte von Mitgliedern der französischen Königsfamilie und des Statthalterpaares der Österreichischen Niederlande, die sich auf der Flucht vor den französischen Revolutionstruppen befanden. Mit dem Ende des Kurstaates 1794/1801 endete auch die Nutzung der Clemensruhe als Schloss.

Die Schlosskapelle

Vanessa Krohn

Die Kapellen seiner Schlösser waren für einen Kurfürst-Erzbischof erwartungsgemäß von besonders großer Bedeutung. So verwundert es nicht, dass der Poppelsdorfer Schlosskapelle eine prominente Lage im Mittelpavillon des Südwestflügels zukam, den sie in seiner gesamten Größe für sich beanspruchte. Dieser Pavillon liegt auf einer Achse mit der Poppelsdorfer Allee und seit der Umorientierung des Schlosses nach Nordosten der Haupteinfahrt gegenüber. Am Außenbau war die Schlosskapelle durch ein Glockentürmchen auf dem Dach ausgezeichnet (Abb. 30, Abb. 31).

Der in seinem Inneren prunkvoll ausgestattete Kapellenraum wurde nach den Zerstörungen des Zweiten Weltkriegs völlig verändert wiederaufgebaut, obwohl noch zwei seiner Wände mit ihrer Stuckdekoration fast vollständig erhalten waren (Abb. 55). Dennoch ist es heute möglich, sich anhand des historischen Quellen- und Planmaterials sowie vor der Zerstörung aufgenommener Fotografien ein recht genaues Bild von diesem für das Rheinland bedeutenden Sakralraum zu machen. Interessant ist dabei der Einblick in die persönlichen Wünsche und Anforderungen, die Joseph Clemens an seine Schlosskapelle stellte und die durch seine Briefe an den Architekten Robert de Cotte dokumentiert sind.

Im ersten überlieferten Entwurf (Abb. 14, Abb. 15) schlug de Cotte einen quadratischen Zentralraum mit nach Südosten gerichteter

Abb. 55 Bonn, Schloss Poppelsdorf, Südwestflügel, Mittelpavillon, Aufnahme nach 1945. *Der Blick fällt auf die beiden noch stehenden Wände der Kapelle. An ihnen ist die Stuckdekoration des Innenraums noch vorhanden.*

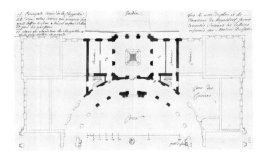

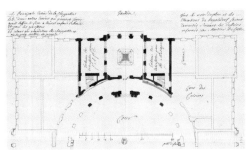

Abb. 56 Atelier des Benoît de Fortier, Grundriss der Schlosskapelle des Poppelsdorfer Schlosses, 1716. *Die auf der rechten
Seite wiedergegebenen Klappen zeigen die Zwischengeschoss-
emporen der Kapelle. Die Beschriftung erklärt die geplante*

*Nutzung der Räumlichkeiten. Dieser in Bonn entstandene
Einzelentwurf für die Schlosskapelle sollte Robert de Cotte die
nach Absprache mit dem Kurfürsten vorgenommenen bzw.
vorzunehmenden Änderungen verdeutlichen.*

Apsis, mit konkav geschwungenem Altarreta-
bel und einer großzügigen Treppenanlage
zur Erschließung des Gartens vor. Der Kurfürst gedachte jedoch auch der Poppelsdorfer
Bevölkerung, der selbst kein Gotteshaus in
der direkten Wohnumgebung zur Verfügung
stand, Zutritt zur Kapelle zu gewähren, so
dass eine Hierarchisierung des Innenraums
notwendig wurde. Gleichzeitig war es ihm ein
Anliegen, den Zentralcharakter des Schlosses
auch in der Gestalt des Kapellenraumes und
der Position des Altares aufzunehmen. Die
Ideen des Erzbischofs verbildlichte der Bau-
leiter Benoît de Fortier in einem Grundriss
und Schnitt von 1716 (Abb. 56, Abb. 57) und
legte so die Grundstruktur und Gestalt der Kapelle fest.

Sie sollte nun als rein quadratischer Zentralraum mit zwei begleitenden Nebenräu-
men für die Gläubigen aus Poppelsdorf angelegt werden (Abb. 56), über denen sich in
einem Zwischengeschoss zwei Emporen –
eine für den Kurfürsten und eine für die Hof-
musiker – erstreckten. Auch an genügend Zugänge zur Kapelle, vor allem vom Hof aus, war
gedacht, um den geplanten Prozessionen eine
gute Erschließung zu ermöglichen. Eine von
der Schlosskapelle ausgehende Freitreppe
war in dem Entwurf Fortiers nicht vorgesehen, allerdings überliefert ein späterer Gartenplan aus dem Atelier Hauberats an dieser
Stelle eine große Terrassenanlage (Abb. 35).

Im Inneren der Kapelle (Abb. 57) ist besonders die Lage der Emporen hinter dem ge-
schossteilenden Gesims bemerkenswert, das
in der Ausführung von Pilastern kompositer
Ordnung getragen wurde (Abb. 58). Zwischen
den Pilastern öffneten sich Arkaden, die den
Blick auf das Zwischengeschoss freigaben.
Der Erzbischof konnte demnach, auf der Em-
pore unterhalb der Bogenscheitel sitzend, in
den Kapellenraum schauen. Dieses originelle
Zwischengeschoss wurde zu einem unbe-
stimmten Zeitpunkt in nachkurfürstlicher
Zeit abgenommen, weshalb es auf der Fotografie nicht zu sehen ist. Über einem redu-
zierten, durch zahlreiche Fenster erhellten
Obergeschoss und einem mit Maskenkonso-
len versehenen Fries überfing schließlich eine
gewölbte, aufwendig stuckierte Decke den
Kapellenraum.

Besonders auffällig war der vierseitige
Altar, der in der Schnittzeichnung Fortiers das
Zentrum des Kirchenraums dominiert. In
Form eines hohen, pergolaartigen Baldachins
geplant, stellte er eine Invention Joseph Clemens' dar: Der Erzbischof wünschte den Briefen zufolge für seine Schlosskapelle einen
zentral aufgestellten Altar, an dessen vier
Mensen vier Priester gleichzeitig die Messe
lesen konnten. Ebenso entwickelte er ein
Dekorationsprogramm, das dem ländlichen
Charakter des Schlosses besonders gerecht
wurde. So waren jeder Altarseite Heilige zu-

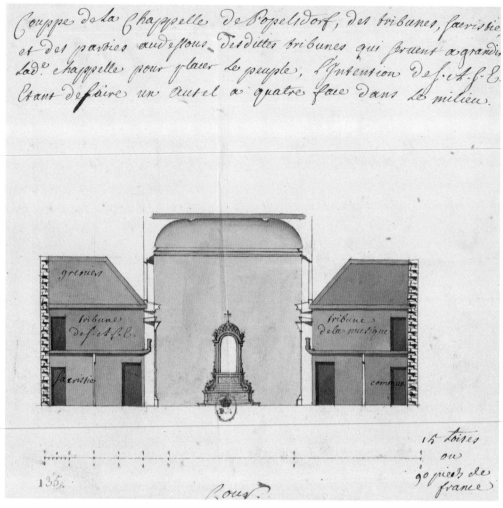

Couppe de la Chappelle de Popelsdorf, des tribunes, sacristie et des parties audessous. Desdittes tribunes qui seruent à grandir lad.e Chappelle pour placer le peuple, l'Intention de S. et S.E. étant de faire un autel à quatre face dans le milieu.

Abb. 57 Atelier des Benoît de Fortier, Querschnitt der Schloss-kapelle des Poppelsdorfer Schlosses, 1716. *Der Schnitt verdeutlicht zum einen die Beleuchtung der Schlosskapelle mithilfe frei liegender Obergeschossfenster, zum anderen die Anlage der Zwischengeschosse, die sich zum Kapellenraum hin knapp unter dem Erdgeschossgesims befinden. Die hier nur summarisch festgehaltene Gestalt des Hochaltars und seine Aufstellung in der Mitte des Raumes decken sich mit den Vorstellungen des Kurfürsten. Detaillierte Entwürfe hierfür sollten in Paris angefertigt werden.*

geordnet, die jeweils eine Jahreszeit symbolisierten.

Der heilige Walarich verkörperte den Frühling; zu seinem Festtag am 1. April sollte der Altar mit ausgewählten Früchten geschmückt werden. Den heiligen Paulinus ordnete Joseph Clemens dem Sommer zu; an dessen Namensfest (22. Juni) waren Körbe mit verschiedenen Gemüsesorten als Verzierung vorgesehen. Für den Monat Oktober plante er die Verehrung der Rosenkranzmadonna mit Weinreben am Altar; und die den Winter symbolisierende heilige Dorothea sollte ihren Blumenschmuck am 6. Februar erhalten. Für die prächtige Blumen- und Früchtedekoration der Kapelle sollte eine eigens dafür zu gründende Bruderschaft zuständig sein, namentlich die Hofgärtnergesellschaft »Confrérie des

Abb. 58 Bonn, Schloss Poppelsdorf, Schlosskapelle, Ansicht vor der Zerstörung 1945. *Die Abbildung zeigt als Resultat der Aufstockung der seitlich anschließenden Trakte nun zugesetzte Fensternischen (vgl. Abb. 57) mit Hirschköpfen des Bildschnitzers Wilhelm Amel Radoux, die in die Ausstattungsphase unter* Clemens August gehören. Das im oberen Bereich der Erdgeschossarkaden gelegene Zwischengeschoss wurde in nachkurfürstlicher Zeit beseitigt und ist deshalb nicht durch die Fotografie überliefert.

fleuristes«. Dass es dazu tatsächlich kam, wird durch die Eintragungen im Hofkalender von 1720 wahrscheinlich: Neben der Erwähnung der Bruderschaft werden darin die begangenen Festtage explizit hervorgehoben und Prozessionen zur Kapelle nach Poppelsdorf überliefert, die am »Fest-Tag der Poppelsdorfer Hoff-Capellen Kirch-Weyh« am 4. Juli stattfanden. Das genaue Weihejahr ist hingegen nicht überliefert, ebensowenig das genaue Aussehen des Altars, für den 1716 ein – vielleicht der späteren Darstellung in Abb. 22 entsprechendes – Wachsmodell geliefert wurde.

Unter dem Baldachin des noch vor dem Tode des Kurfürsten realisierten Altars erschien als szenografischer Höhepunkt eine Figurengruppe, welche die Begegnung zwischen Christus und Maria Magdalena (»Christus als Gärtner«) darstellte. Die weiß gefasste Stuckdekoration der Kapellenwände mit den Gartenwerkzeugen, Blütengirlanden, zarten Blütenzweigen und Früchteschmuck interpretierte die Kapelle als Garten Getsehmane, den Ort der Erscheinung Christi.

Für das naturhafte Ausstattungsprogramm der Poppelsdorfer Schlosskapelle dürfte der von Joseph Clemens sehr verehrte und mit ihm befreundete Erzbischof von Cambrai, François de Fénelon (1651–1715), ideengebend gewesen sein: Fénelon, von dem Joseph Cle-

Abb. 59 Bonn, Schloss Poppelsdorf, Schlosskapelle vor der Zerstörung 1945. *Die Decke der Schlosskapelle erhielt noch unter Joseph Clemens ihre leichte, symmetrisch aufgebaute Stuckdekoration mit fünf großen Rahmenfeldern, die erst unter Clemens August mit Fresken von Johann Adam Schöpf versehen wurden. Diese schilderten das Leben des heiligen Isidor von Madrid.*

mens zum Bischof geweiht worden war, versuchte in seinen Schriften die Existenz Gottes über die Erscheinungen der Natur zu beweisen. Bei der Konzeption der Poppelsdorfer Ausstattung dürfte den Kölner Erzbischof die Idee der durch die Natur erfahrbaren göttlichen Präsenz inspiriert haben.

Die gewölbte, ebenfalls weiße Stuckdecke (Abb. 59) teilte sich in fünf von Genien flan-

kierte Rahmenfelder, unter denen abwechselnd das Wappen und das Monogramm Joseph Clemens' zu sehen waren. Den Plafond zierte eine bewegte, die einzelnen Rahmen miteinander verbindende Girlande aus Sonnenblumen. In den Eckmotiven wurde in Vasen und Füllhörnern mit variierten Früchten und Blumen die Jahreszeitensymbolik des Altars wieder aufgenommen.

Die ausführenden Stuckateure Giovanni Pietro Castelli mit seinen Söhnen Carlo Pietro und Domenico, sowie Carlo Pietro Morsegno (gest. 1754) arbeiteten hier auf höchstem Qualitätsniveau vermutlich nach Entwurfszeichnungen aus dem de Cotte'schen Baubüro, wie die Ausführungen im Stil der Régence erkennen lassen.

Die Poppelsdorfer Schlosskapelle gehörte damit wohl zu den wenigen Sakralräumen außerhalb von Frankreich, die dem hoch geschätzten Künstlerkreis um Robert de Cotte entstammten. In Bonn stellte sie den zweiten Kapellenbau unter der künstlerischen Einflussnahme de Cottes dar, der bereits den Innenraum der Hofkapelle des Residenzschlosses in Teilen modernisiert und umgestaltet hatte. Auch dort legte Joseph Clemens von Baubeginn an Wert auf ein besonders individuell geprägtes Ausstattungsprogramm. Dieses war ikonographisch auf die Geburt des Heilands und die Heilige Familie abgestimmt. Auch in der Art der Dekoration gab es mit dem weiß gefassten Stuck, der durch Fresken ergänzt wurde, sowie in der ausgefallen gestalteten Altarwand durchaus Analogien zu Poppelsdorf.

Nach Ausstattungsveränderungen und einer Umwidmung durch Clemens August wurde die Kapelle am 3. Juli 1746 nochmals geweiht. Unter Beibehaltung der Gartensymbolik war sie nun dem spanischen Bauernheiligen Isidor von Madrid gewidmet. Mit dessen von besonderer Mildtätigkeit geprägtem Leben identifizierte sich auch Clemens August, der die noch freien Felder im Deckenstuck mit Szenen aus dem Leben dieses Heiligen füllen ließ. Die Fresken wurden 1744/45 von Johann Adam Schöpf (1702–1772) ausgeführt. Der neue Erzbischof ließ auch den Altar umgestalten: 1751 wurde der Bildhauer Söntgen für seine Arbeit in der Kapelle entlohnt. Er arbeitete wahrscheinlich an den vier Marmorantependien, die sich heute in Zweitverwendung an den beiden Altären der westlichen Vierungspfeiler des Bonner Münsters erhalten haben. Verloren sind hingegen die Altarfiguren, die unter Clemens August von dem Stuckateur Giuseppe Artario ergänzt wurden: An den Ecken des Altars knieten die »vier Gründer« des Deutschen Ordens. Clemens August verwies damit auf sein Amt als Hochmeister dieses Ordens, über das er sich nicht zuletzt als Beschützer des christlichen Glaubens definierte.

Ähnlich persönlich erscheint die Anbringung von hölzernen Hirschköpfen mit echten Geweihen im Obergeschoss der Kapelle, nachdem dort die Fenster im Nordwesten und Südosten verschlossen worden waren. Sie verweisen wohl auf die Jagdleidenschaft des Kurfürst-Erzbischofs sowie auf die in der Schlosskapelle vorhandenen Reliquien des heiligen Hubertus. Ansonsten nahm Clemens August in sehr respektvoller Weise Rücksicht auf die Kapellenausstattung, deren künstlerischen Wert er offenbar sehr schätzte.

Mit dem veränderten Kapellenpatrozinium und der daran geknüpften Umgestaltung bezog Clemens August die Kapelle auf seine Person, sein Amt als Hochmeister und seine ausgeprägte Jagdleidenschaft und die damit einhergehende Hubertusverehrung. Eine zusätzlich von ihm eingerichtete, kleine Kapelle des Johannes de Deo und ein in der Nähe der Kapelle befindliches Oratorium gehörten zu den für Clemens August im Laufe seines Lebens fast obligatorisch gewordenen Rückzugsmöglichkeiten in abgeschirmte, private Andachtsräume.

Die Sternenburg in Poppelsdorf

Cornelia Kleines

Auf Leizels Vedute von Poppelsdorf (um 1752; Abb. 26) erscheinen neben dem Schloss Clemensruhe und der Bebauung der Dorfstraße zwei kleine Adelssitze. Sie prägten das Bild von Poppelsdorf im 17. und 18. Jahrhundert, sind heute jedoch längst verschwunden. Im Mittelgrund rechts ist die winzige Katzenburg zu sehen, die in der Mitte des 17. Jahrhunderts mit adeligem Hofrecht genannt wird, jedoch bereits ab 1755 als Porzellan- und Fayencefabrik genutzt wurde. Der Herrensitz mit den langgestreckten Nebengebäuden südlich des Schlosses, etwas entfernt von der Poppelsdorfer Hauptstraße gelegen, war die um 1750 zum Barockschlösschen umgebaute Sternenburg. Sie befand sich zwischen der heutigen Stichstraße der Kirschallee und der Sternenburgstraße und war über das freie Feld hinweg gut zu sehen.

Die erste urkundliche Erwähnung der Burg stammt aus dem Jahr 1544. Zunächst über mehrere Generationen im Besitz der einflussreichen Familie von Kempis, befand sie sich seitdem in der Hand verschiedener Mitglieder des kurkölnischen Adels. Zu Beginn des 18. Jahrhunderts erwarb sie der kurfürstliche Kammerherr und Vizeobristhofmarschall Carl Georg Anton von der Vorst zu Lombeck (1679–1745). Eine Zeichnung von Renier Roidkin (Abb. 60), entstanden wohl in den 1730er Jahren, zeigt das Aussehen der Burg in dieser Zeit: Ein zweistöckiges Haus mit einem Satteldach, das auf einer kleinen, von einem Wassergraben umgebenen Insel lag. Dieser Graben wurde ebenso wie der Schlossweiher über Rohrleitungen vom Poppelsdorfer Bach gespeist. Die Wandbrunnenarchitektur am Rande des Grabens erinnert mit ihren großen Voluten, Rundbogennischen und Fontänen an italienische Brunnenanlagen des 17. Jahrhunderts und zeugt, ähnlich wie die Gartenanlage von Schloss Clemensruhe, von dem

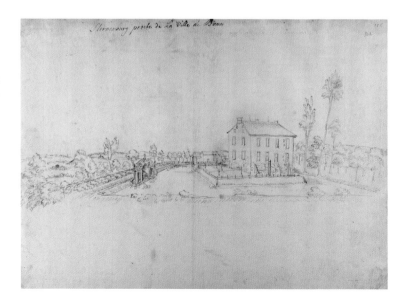

Abb. 60 Renier Roidkin (1684–1741), »Sternenburg proche de la Ville de Bonn«, um 1735. *Das alte Burghaus auf der Insel war mit seinem in Kompartimente geteilten, figurengeschmückten Ziergarten und der Brunnenarchitektur auf das Schloss ausgerichtet.*

Abb. 61 Bonn-Poppelsdorf, Sternenburg, Südost- und Nordostfassade, Aufnahme vor 1894. *Die neue Sternenburg mit
ihren beiden Hauptfassaden nach Südosten (mit dem Balkon*

*aus dem 19. Jahrhundert) sowie nach Nordosten zum Schloss
hin. Auf dieser Aufnahme ist immer noch der den Garten und
das Gebäude umgebende Weiher zu erkennen.*

hohen Stellenwert der Gartenkunst in dieser
Zeit.

1746 wurde die Burg für 7000 Gulden an den
Freiherrn August Wilhelm Wolff-Metternich
zur Gracht (1705–1764), Dompropst zu Müns-
ter, veräußert. Ursprünglich aus der west-
fälischen Linie der Familie Wolff-Metternich
stammend, zählte er in Bonn zum engsten
Kreis um Clemens August und hatte es zum
»Intendanten der Bauten, Gärten und Vergnügen« gebracht. Gesandtenberichte schildern
ihn als höchst ehrgeizig, gewinnsüchtig und
intrigant; die Sternenburg wurde zur Hälfte
von französischer Seite bezahlt, der er dafür
seine politische Einflussnahme auf Clemens
August in Aussicht gestellt hatte.

Er gilt als Initiator der Umgestaltung des
alten Burghauses zu einem Lustschlösschen,
obschon dies ebensowenig durch Quellen
gesichert ist wie die künstlerische Urheber-

schaft der Umbauarbeiten. Die Forschung
vermutet als Baumeister entweder den Bonner Hofarchitekten Michael Leveilly (gest.
1762) oder Johann Georg Leydel (1720–1785),
der als Mitarbeiter Balthasar Neumanns wohl
seit 1744 am Bau von Schloss Clemensruhe
tätig war. Analog zum kurfürstlichen Lustschloss war auch die Sternenburg eine *Maison de Plaisance* vor den Toren der Stadt, nur
zum kurzzeitigen Aufenthalt bestimmt, während dem Bauintendanten als eigentlicher
Wohnsitz ein Stadthaus in Bonn diente.

Das zweistöckige Gebäude der neuen Sternenburg öffnete sich U-förmig zu der vom
Dorf abgekehrten Seite (Abb. 61, Abb. 62). In
dieser Form erschien es weniger als kompak-
tes Haus denn als kleine Dreiflügelanlage mit
einem »Ehrenhof«. Im Grundriss lässt sich der
Umbau an der Mauerstärke der einstigen
Außenwände ablesen, die durch die Hinzu-

fügung zweier Flügel an den rechteckigen Grundriss der alten Burg zu Innenwänden wurden (Abb. 62). Die den Raum zwischen den beiden Flügeln fast vollständig ausfüllende Freitreppe gemahnt mit ihrer geschwungenen Form sicher nicht zufällig an die Neumann'sche Treppe vor dem Südostflügel von Clemensruhe (Abb. 33). Spätere Besitzer bauten einen Balkon auf Stützen darüber, der die ursprünglich intendierte plastische Wirkung dieser Gebäudeseite stark verunklarte.

Die zum Schloss gerichtete Fassade schmückten ein kielbogenförmig geschwungener Giebel und als Namensgeber der weithin sichtbare Stern. Auch auf den Giebeldächern und im Gitterwerk tauchte der Stern vielfach auf. Der ebenfalls in Richtung Schloss gelegene Ziergarten war mit Bänken, Pyramiden, Vasen, Satyrn und anderen Figuren aus Stein gestaltet. Die dort aufgestellten Kübel mit Lorbeer-, Orangen- und Olivenbäumen sowie weitere exotische Pflanzen wurden in der kalten Jahreszeit in der Orangerie bewahrt, die wie die anderen Wirtschaftsgebäude vor der Grabenbrücke lag (Abb. 26). Die aufwendige Gartengestaltung stimmte mit der Lage und Funktion der Sternenburg als stadtnaher, dem Vergnügen und der Erholung dienender Lustbau überein.

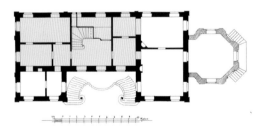

Abb. 62 Ernst Nies, Grundriss der Sternenburg, 1905. *Der Erdgeschossgrundriss zeigt den Zustand vor dem Abbruch mit dem nachträglichen, oktogonalen Turmanbau auf der Nordostseite, der einen Treppenaufgang im Erdgeschoss und einen Balkon im Obergeschoss ersetzte. Der Bereich der alten Burg ist grau hinterlegt.*

Es ist davon auszugehen, dass an der anspruchsvollen Innenausstattung Bonner Hofkünstler beteiligt waren, wenn auch kein einziger durch Quellen nachgewiesen ist. Vom Eingang führte das in der Mitte gelegene Treppenhaus in die Kabinette und Säle der Seitenflügel (Abb. 62). Im Erdgeschoss lagen im vorderen Teil des Südwestflügels – entsprechend dem Stand des Bauherrn als Domgeistlicher – eine kleine Hauskapelle und eine daran anschließende Sakristei. Grauer, grüner und gelb-roter Stuckmarmor bekleidete die Wände der Kapelle, in der östlichen Raumecke war zwischen zwei großen Fenstern der Altar mit einer volutenbesetzten Muschelnische für eine Heiligenfigur eingepasst (Abb. 63).

Im rückwärtigen Teil des Flügels befand sich das in Weiß und Gold gehaltene Schlafzimmer mit einem Alkoven und darüber dem von Putten gehaltenen Familienwappen der Wolff-Metternich. Historische Beschreibungen heben die besonders qualitätvolle Deckenmalerei mit Tugendallegorien in diesem Raum hervor. Auf der Nordostseite lagen das »Rothe Cabinet« mit chinoisen Genremalereien, das Gelbe Kabinett und die beiden Gartensäle, von denen einer als Speisezimmer diente und von dem man über eine Treppe in den Garten gelangen konnte. Für das obere Geschoss sind mehrere kleine Kabinette mit Deckenmalereien, ein weiteres Schlafzimmer, ein Spiegelkabinett und ein Indianisches Zimmer überliefert; den zum Schloss hin gewandten Flügel füllte der große Saal aus, zu dessen festlicher Wirkung die mit blauem Damast bespannten Wände, die Deckenmalerei mit Allegorien der Jahreszeiten, zwei Marmorkamine, Spiegel, Kronleuchter und seidenbezogene Canapés beitrugen. Die Fotografie einer mit vergoldeten Rocaille-Schnitzereien aufwendig verzierten Tür aus dem Obergeschoss (Abb. 64) ist eines der wenigen erhaltenen Zeugnisse der wandfesten Ausstattung.

1755, nur wenige Jahre nach der Errichtung der neuen Sternenburg, erfolgte Wolff-Metternichs Sturz. Der Tod des kurfürstlichen Favoriten Anstel hatte das Misstrauen Clemens Augusts gegenüber seinem Bauintendanten

Abb. 63 Bonn-Poppelsdorf, Sternenburg, Altarnische in der Hauskapelle, Aufnahme vor 1905. *Durch die Platzierung zwischen zwei Fenstern entstand für den Stuckmarmor-Altar eine besondere Beleuchtungssituation. Zur Zeit der Aufnahme fehlte schon die Heiligenfigur; das nun geschlossene linke Fenster wurde als Bücherregal für die Bibliothek genutzt.*

Abb. 64 Bonn-Poppelsdorf, Sternenburg, Tür im 1. Obergeschoss, Aufnahme vor 1905. *Die Tür eines in Grün und Gold dekorierten Kabinetts war sowohl mit in Trompe-l'œuil-Manier gemalten als auch mit geschnitzten, z.T. vergoldeten Rocaillen verziert. Im oberen Paneel zeigt die Malerei einen an Gitterwerk aufgehängten Ring, auf dem ein Vogel sitzt.*

hervorgerufen, so dass dieser seiner Hofämter enthoben wurde und Bonn verlassen musste. Nach seinem Tod 1764 wurden zunächst Möbel und Kunstgegenstände verkauft, dann die Burg selbst. Sie fand in dem kurfürstlichen Geheimrat Stephan von Gerolt (1704–1770) und seiner Familie ihre letzten adeligen Besitzer, bevor sie ab 1828 in bürgerliche Hände kam: Zuerst bezogen sie der Kölner Kaufmann Franz Jakob Mülhens und nachfolgend sein Sohn, dessen Gläubiger das dazugehörige Land parzellierten und verkauften. 1880 erwarb der argentinische Unternehmer Oskar Clason das Schlösschen und baute einen dreistöckigen, oktogonalen Turm vor die Fassade zum Poppelsdorfer Schloss (1894).

1898 kam es schließlich in den Besitz des Bonner Architekten Max Cronenberg, der es jedoch nach wenigen Jahren wieder zum Kauf anbot. Da die Stadt Bonn die geforderten 120.000 Mark nicht aufbrachte, wurde die Sternenburg 1908 zu Gunsten historistischer Villen und Mietshäuser abgerissen – trotz zahlreicher Appelle, sie als Museum einzurichten und damit ein bedeutendes Zeugnis des barocken Poppelsdorf zu erhalten.

Literaturverzeichnis

Alt, Wolfgang / Faber, Heribert / Uessem, Helmut, Spurensuche in Poppelsdorf. Die kurfürstliche Zeit, Bonn 2002.

Baumgart, Fritz, Universität Bonn und Schloss Poppelsdorf, Bonn 1937.

Braubach, Max, Minister und Kanzler, Konferenz und Kabinett in Kurköln im 17. und 18. Jahrhundert, in: Annalen des Historischen Vereins für den Niederrhein 144/45 (1946/47), S. 141–209.

Braubach, Max, Von den Schloßbauten und Sammlungen der kölnischen Kurfürsten des 18. Jahrhunderts. Lesefrüchte aus politischen Akten, in: Annalen des Historischen Vereins für den Niederrhein, 153/154 (1953), S. 98–147.

Clemen, Paul, Die Kunstdenkmäler der Stadt und des Kreises Bonn (Die Kunstdenkmäler der Rheinprovinz V.III), Düsseldorf 1905.

Dollen, Busso von der, Bonn-Poppelsdorf in Karte und Bild (Landeskonservator Rheinland Arbeitsheft 31), Bonn 1979.

Fossier, François, Les dessins du fonds Robert de Cotte de la Bibliothèque nationale de France. Architecture et décor (Bibliothèque des Écoles françaises d'Athènes et de Rome 293), Paris 1997.

Giesen, Katharina, Aus der Heimatgeschichte von Poppelsdorf, Bonn 1976.

Hahn, Walter, Das Bonner Residenzschloss der Kölner Kurfürsten, Phil. Diss. Bonn 1938 (ungedruckt, Abteilung Kunstgeschichte der Universität Bonn).

Hausmanns, Barbara, Das Jagdschloss Herzogsfreude in Bonn-Röttgen 1753–1761 (Veröffentlichungen des Stadtarchivs Bonn 45), Bonn 1989.

Höroldt, Dietrich (Hg.), Die Geschichte der Stadt Bonn, Bd. III. Bonn als kurkölnische Haupt- und Residenzstadt 1597–1794, Bonn 1989.

Kalnein, Wend Graf, Das kurfürstliche Schloß Clemensruhe in Poppelsdorf. Ein Beitrag zu den deutsch-französischen Beziehungen im 18. Jahrhundert (Bonner Beiträge zur Kunstwissenschaft 4), Düsseldorf 1956.

Kempkens, Holger, Bauliche Zeugnisse des Rückzugs und der Weltflucht im Rheinland des 18. Jahrhunderts, in: Frank Günter Zehnder / Werner Schäfke (Hg.), Das Ideal der Schönheit. Rheinische Kunst in Barock und Rokoko (Riss im Himmel VI), Köln 2000, S. 45–70.

Knopp, Gisbert, Joseph Vivien. Porträtist der Kölner Erzbischöfe Joseph Clemens und Clemens August. Neuerwerb eines Porträtgemäldes für Schloss Clemensruhe in Bonn-Poppelsdorf (Schriftenreihe des Fördervereins StadtMuseum Bonn 1), Worms 2010.

Knopp, Gisbert / Hansmann, Wilfried, Universitätsbauten in Bonn (Rheinische Kunststätten 190), 2. Aufl., Köln 1987.

Knopp, Gisbert, Peter Joseph Lenné (1789–1866) – der berühmte königlich-preußische Generalgartendirektor und seine »vielgeliebte Vaterstadt« Bonn, in: Bonner Geschichtsblätter 60 (2010), S. 107–138.

Lützeler, Heinrich, Die Bonner Universität. Bauten und Bildwerke (150 Jahre Rheinische Friedrich-Wilhelms-Universität Bonn), Bonn 1968.

Neuman, Robert, Robert de Cotte and the Perfection of Architecture in Eigtheenth-Century France, Chicago London 1994.

Oglevee, John Finley (Hg.), Letters of the Archbishop-Elector Joseph Clemens of Cologne to Robert de Cotte (1712–1720). With supplementary letters from the Architect Guillaume d'Hauberat to de Cotte (1716–1721), Ohio 1956.

Ramm, Amanda, Die Grüne Galerie in der Münchner Residenz von 1737 bis 1836, München 2009.

Renard, Edmund, Die Bauten der Kurfürsten Joseph Clemens und Clemens August von Köln. Ein Beitrag zur Geschichte des Rococo in Deutschland. Erster Theil, in: Bonner Jahrbücher des Vereins von Alterthumsfreunden im Rheinlande XCIX (1896), S. 164–240.

Renard, Edmund, Die Bauten der Kurfürsten Joseph Clemens und Clemens August von Köln. Ein Beitrag zur Geschichte des Rococo in Deutschland. Zweiter Theil, in: Bonner Jahrbücher des Vereins von Alterthumsfreunden im Rheinlande C (1896), S. 1–102.

Satzinger, Georg (Hg.), Das kurfürstliche Schloss in Bonn. Residenz der Kölner Erzbischöfe – Rheinische Friedrich-Wilhelms-Universität Bonn, München / Berlin 2007.

Stoverock, Helga, Der Poppelsdorfer Garten. Vierhundert Jahre Gartengeschichte, Bonn 2001.

Vieten, Klaus, Clemensruhe. Baugeschichte des Poppelsdorfer Schlosses, Bonn o. J.